KB247110

# 아함경

阿含經
by MASUTANI Fumio

Copyright ⓒ 1965 MASUTANI Eiko
Korean language rights arranged with Chikuma Shobo Publishing Co., Ltd., Tokyo
through Japan UNI Agency, Inc., Tokyo and Korea Copyright Center, Seoul
This Korean edition published 2001 by Hyeonam Publishing Co, Seoul

## 아함경

초판 1쇄 발행 | 1976년 4월 5일
개정 초판 1쇄 발행 | 1991년 5월 15일
개정 2판 1쇄 발행 | 2001년 4월 20일
개정 2판 20쇄 발행 | 2025년 4월 15일

지은이 | 마스타니 후미오
옮긴이 | 이원섭
디자인 | 박수진
펴낸이 | 조미현

펴낸곳 | (주)현암사
등록 | 1951년 12월 24일 · 제10-126호
주소 | 04029 서울시 마포구 동교로12안길 35
전화 | 365-5051 · 팩스 | 313-2729
전자우편 | editor@hyeonamsa.com
홈페이지 | www.hyeonamsa.com

* 잘못된 책은 바꾸어 드립니다.
* 이 책의 한국어판 저작권은 Korea Copyright Center/한국저작권센터를 통한
  저작권자와의 독점계약에 의하여 (주)현암사에 있습니다. 신저작권법에 의해 한국 내에서
  보호를 받는 저작물이므로 무단전재와 무단복제를 금합니다.

ISBN 978-89-323-1102-9  03220

# 아함경

마스타니 후미오 지음 · 이원섭 옮김

현암사

불교는 일본에 두 번 전래되었다. 이렇게 말하면 의아한 표정을 지으실 분도 적지 않겠으나 이것은 어디까지나 사실이다. 서기 538년에 처음으로 불교가 전래된 이래 끊임없이 수용의 노력이 계속되어, 1654년 명(明)나라의 중 은원(隱元)에 의해 황벽종(黃檗宗)이 들어옴으로써 그 첫번째 매듭이 지어진다. 그것은 천 년이 훨씬 넘는 장기간에 걸친 노력이었거니와, 그 동안 일본에 전해진 것은 한국을 통해 들어온 것까지 포함하여 중국의 불교에 한정되어 있었다. 일본이 받아들인 것은 중국어로 번역된 경전이었고, 중국화된 종파였고, 중국 승려들이 쓴 주소(注疏)였으며, 일본의 선인들은 그 밖의 불교에 대해서는 몰랐다.

그러나 메이지 시대가 되자 사정은 완전히 달라졌다. 1876년 난조 후미오(南條文雄)와 가사하라 겐주(笠原研壽)라는 두 젊은

학승이 영국에 건너가서 산스크리트(梵語)를 배우기 시작한 것이다. 잇따라 다른 학자들에 의해 팔리 어(聖語) 공부도 시작되었다. 그로부터 일본에도 그런 언어를 통해서 불교에 대한 새로운 지식이 흘러 들어왔다. 특히 팔리 어로 기록되어 실론에 전승되어 오던 이른바 '팔리 삼장(三藏)'은 중국 불교가 돌보지 않던 원시 불교의 모습을 정연한 형태로 우리에게 전해 주었다. 나는 이것을 두 번째의 불교 전래로 치는 것이다. 왜냐하면 새로 들어온 이것들은 과거의 불교와는 전혀 궤를 달리하기 때문이다.

이 새로 들어온 불교의 중심 부분을 흔히 '팔리 오부(Pañcnaikāya)'라고 부른다. 다섯 부분으로 나뉘어 편집되어 있는 까닭이다. 또 그것들을 일괄하여 '아가마(Āgama)'라고 부르기도 한다. '오는 것'이라는 뜻으로서, 전승되어 오는 경전임을 나타내는 말이다. 중국의 역경승들은 그것을 음사하여 '아함경'이라고 번역했다. 그리고 그들도 또한 대체로 '팔리 오부'에 해당하는 것을 번역해 냈다(제5부에 해당하는 부분이 빠짐). 397년부터 435년에 이르는 기간의 일이었다. 그러나 그 후 그들은 한결같이 이 경전들을 돌보려 하지 않았으므로, 『아함경』은 중국의 불교사에서 한 번도 중요한 구실을 한 적이 없다.

그러나 전과는 다른 시각으로 불교를 연구하여 경전 비판을 새롭게 한 결과 이 『아함경』(한역의 네 아함경도 포함)만이 불교의 근본 성전임을 주장할 수 있게 되었다. 오늘날 불교 연구를 하고자 할 때, 붓다의 가르침을 그 원래의 형태대로 전하는 경전으로서 학문적으로 음미할 만한 것은 이 경전들 외에는 찾아볼 수 없다. 일찍이 붓다는 무엇을 설했던가, 그리고 어떻게 말했던가. 그것을 있던 그대로 알고자 한다면 이 경전으로 달려갈 수밖에 없다. 그렇다면 지금까지 이 경전을 돌보지 않았던 중국과 일본의 불교인들은 원시 불교 즉 붓다의 사람됨과 그 사상의 진상을 전혀 몰랐던 것이라고 아니 할 수 없다. 또 오랫동안 불교의 영향 밑에 있었으면서도, 우리는 이제야 비로소 교조 붓다의 본래의 면목을 우러러볼 수 있게 되었다고 하지 않을 수 없다.

그러면 왜 이 『아함경』만이 불교의 근본 성전임을 주장할 수 있다는 것인가? 그 이유에 대해 우리는 먼저 이 경전의 성립 역사를 가지고 대답할 수 있다. 그것은 붓다가 돌아가신 직후의 일이었다. 그 죽음을 비구들이 다 함께 슬퍼하고 있는데, 한 늙은 비구가 생각조차 할 수 없는 폭언을 내뱉었다.

"벗들아, 근심하지 말고 탄식하지 말라. 우리는 이제야 저 대사문(大沙門 : 붓다를 가리킴)으로부터 벗어나 자유를 얻은 것이 아닌가! 저 대사문은 참으로 시끄러운 분이시었다. '이 일은 너희에게 알맞고 이 일은 알맞지 않다.' 하여 끊임없이 우리를 괴롭혀 왔거니와, 이제 그 대사문은 안 계시다. 우리는 이제부터 하고 싶은 일을 하고, 하고 싶지 않은 일은 하지 않아도 좋게 되었다."

이 말을 모두 침묵한 채 듣고 있었다. 그러나 그 폭언은 그들에게 격렬한 충격을 주었음이 틀림없다. 그리하여 그들은 붓다가 돌아가신 지 석달이 지난 다음, 마가다 국의 서울 라자가하(王舍城)에 모여 몇 달에 걸쳐 스승이 남기신 가르침과 계율을 결집(結集)하기에 이르렀다. 이단 사설이 만연되기에 앞서, 바른 가르침을 확립해 두고자 한 것이겠다. 바로 그것이 현존하는 『아함경』의 원형이다.

여기에 속하는 경전 수효를 합치면 수천에 이르거니와, 그것들은 대개 매우 간결한 것이 특색이며 내용도 대체로 구체적이고 교훈적이다. 이렇게 짧은데다가 교훈적인 것이 되고 만 까닭은 붓다가 사람들과 문답한 말씀이 그대로 거기에 기록되었기 때문이다. 따라서 이것들을 읽어 가노라면 붓다의 모습을 눈으로 우러러보고, 말씀을 직접 귀로 듣고 있는 듯한 느낌이 드는 경우가 적지 않다. 만약 이것을 기독교 문헌에 비교해서 말한다면, 신약의 복음서에 해당한다고나 할까?

이 경에 나타난 문답식 방법을 후세 사람들은 대기 설법(對機說法)이라고 불렀다. 사람들의 소질과 문제, 때로는 그 장소와 시기에 따라 거기에 적절하도록 자유로이 말씀해 간 까닭이다. 따라서 여기에 나타난 말씀이 다기 다양한 것은 당연한 결과라고 하겠다. 그러므로 무작정 이 경을 읽어간다면, 아마 망양지탄(亡羊之嘆)을 금할 수 없게 되리라. 그러나 세심한 배려를 하면서 이 경을 대해 나가다 보면 그 잡다한 듯한 내용이 뜻밖에 정연하고 단순한 원리에 의해 일관되고 있음을 알게 된다.

그 원리란 무엇인가? 그것을 한마디로 말한다면, 붓다가 저 보리수 밑에서 깨달으신 진리, 즉 정각(正覺)의 내용임이 분명하다. 그 내용을 나는 이 책에서 상세히 다루고자 한다. 그러나 중요한 것은 이 경에 나오는 붓다의 설법 방식이 학자와 비슷하기보다는 오히려 인생의 교사 같다는 점이다. 그는 공리·공론을 배척하고 어디까지나 사람에 따라, 문제에 따라 말함으로써, 사람들이 현실 생활 속에서 그것을 파악할 수 있게 했다. 그것이 붓다의 설법 방식이었다. 그리하여 그 원리가 몸에 배어 그것을 생활 속에서 살려 낼 수 있게 될 때, 그것이 바로 지혜(Pañña)인 것이다. 또 그렇게 하여 파악된 원리가 인간 관계 속에서 실현될 때, 그것이 그대로 사랑(mettā)일 것임이 명백하다. 이 경에 '지혜와 사랑의 말씀'이라는 제목을 붙인 것도 그 때문이다.

그러면 붓다는 어떻게 이런 원리를 깨달을 수 있었던 것인가? 또 붓다를 따르던 사람들은 어떤 가르침을 받아 그 지혜를 체득할 수 있었던가? 또 그들은 이런 사랑의 실현을 위해 어떤 길로 이끌려 갔던가? 나는 이제 이 아함경전 중에서 수십 개의 경을 취택하여, 경 자체의 가르침을 음미하고자 한다. 경우에 따라서는 사견을 덧붙여서 우리 현대인의 생활과 연결해 보고자 한다. 오늘의 현실에서 사람들을 참으로 구제할 수 있는 것은 이런 지혜와 사랑 외에는 없다고 믿기 때문이다. 또 인류의 역사 속에서 이런 지혜와 사랑의 해맑은 이론과 본보기를 가장 먼저 확립한 분은 이 사람 붓다 고타마임에 틀림없기 때문이다.

마스타니 후미오(增谷文雄)

# 1. 그 사람

# 석가족

대왕이시여, 저 히마반트(雪山)의 기슭
예전부터 코살라 국에 속하는 땅에
재물과 용맹을 아울러 갖춘
한 단정한 부족(部族)이 삽니다.

그들은 '태양의 후예'라 일컬어지고
내 생족(生族)의 이름은 샤카(釋迦),
대왕이시여, 나는 그 집에서 나와 수도자가 되었습니다.
온갖 욕망을 좇고자 했음이 아니라.　　　　(『經集』3 : 1 出家經)

기원전 5세기경, 히말라야 기슭의 고원 지대, 오늘날의 네팔의
타라이 지방에 카피라바투(Kapilavatthu)라고 불리는 조그마한 도

시가 있었다. 중국의 역경자들이 '가비라위(迦毘羅衛)'라고 번역한 고장이다. 붓다는 이 도시를 중심으로 해서 살던 샤카족의 크샤트리아(刹帝利, Kṣatriya) 집안에서 태어났다. 즉 왕족 계급이었으며, 고타마(瞿曇, Gotama)가 그 이름이었다. 그러기에 경전은 자주 '샤카족의 아들 고타마(Gotama Sakyaputta)'라고 붓다를 부르고 있는 것이다.

그는 스물 아홉 살쯤 되었을 때, 집을 나와서 사문(沙門)이 되었다. 그는 곧 갠지스 강(恒河)을 건너 남방에 있는 마가다(Magadha) 국으로 갔다. 마가다 국은 당시 신흥 국가여서 모든 면에 활발한 생기가 돌았으며, 그 수도 라자가하(王舍城, Rāja-gaha)에는 자연히 새로운 사상가들이 모여들고 있었다. 그도 또한 그곳에 가서 새로운 사상 속에서 진리를 찾고자 한 것이겠다.

한 경(『경집』 3 : 1 출가경)은 그 무렵 어느 날의 붓다에 대하여 다음과 같은 기록을 남기고 있다.

붓다는 성도(成道)하시기 전
마가다 국의 산에 에워싸인 서울로 가셨다.
참으로 아리따운 상호(相好)[1]에 빛나시며
탁발(托鉢)[2]을 위해 라자가하의 거리로 드셨다.

---

1) lakṣaṇa - vyañjana. 용모 · 형상. '상'은 드러나게 잘 생긴 부분. '호'는 그 세부적인 것. 붓다는 32상 · 80종호를 갖추었다고 한다.
2) piṇḍapāta. 집집마다 다니면서 먹을 것을 얻는 일.

사문이란 팔리 어의 사마나(Samaṇa), 또는 산스크리트의 슈라 마나(śramaṇa)의 음사(音寫)이다. 그것은 일반적으로 그 무렵의 새 사상가와 수도자들을 일컫는 말이었다. 그들은 모두 집에서 나와 전통적인 사회의 구속을 벗어난 다음, 자유로이 행동하고 사색하면서 하루하루의 생활은 전적으로 탁발과 공양(供養)[3]에 의존하고 있었다.

그 날 이 '샤카족의 아들 고타마' 도 역시 사문의 이런 관행에 따라 라자가하의 거리에 나타나서 탁발을 하고 있었다. 그때 그의 모습을 눈여겨 바라보는 사람이 있었으니, 바로 이 나라의 왕인 빔비사라(Bimbisāra)였다. 왕은 높은 다락에서 넋을 잃은 듯 바라보다가, 이윽고 주위를 돌아보면서 이렇게 말했다. 이 경전은 그 전문을 게(偈)[4]로 기록하고 있거니와, 그것을 산문으로 바꾸면 다음과 같은 말이 된다.

"모두들 저 사람을 똑똑히 보아라. 의젓하지 않은가. 그 용모와 행동거지로 볼 때, 아마 천한 출신은 아닌 것 같구나. 누가 가서 저 사람 있는 곳을 알아 가지고 오너라."

명을 받은 사신은 그 뒤를 밟았다. 그 사람은 탁발을 마치자, 교외에 있는 '판다바' 라는 산의 동굴로 돌아갔다. 그 산은 라자가하를 에워싼 다섯 산 중의 하나이다. 그런 산들이 둘러싸고 있

---

3) pūjanā. 음식이나 옷 같은 것을 붓다나 수도하는 사람에게 바치는 것.
4) gāthā. 불교의 이치를 나타낸 운문.

는 까닭에 '산에 에워싸인 서울(Giribbaja)'이라고 하는 것이다.

"대왕이시여, 그 사문은 판다바에 있는 암굴 속에 호랑이처 럼 소처럼 사자처럼 앉아 있더이다."

이 말을 들은 왕은 직접 동굴로 그를 찾아갔다. 그리고 마주앉 아 '즐거운 인사'를 나눈 다음, 이렇게 말을 걸었다.

그대는 젊도다, 늙지 않았고
양양한 전도를 지니고 있도다.
꽃 같은 청춘이 그대 것이요
유서 있는 가문에 태어난 듯하도다.

나는 주리니 바라는 녹(祿)을.
그대여 오라, 코끼리 떼 앞세운
내 막강한 군대에 참가하라.
나는 묻노니, 그대여 내력을 말하라.

앞에서도 말한 것처럼 붓다는 크샤트리아 출신이다. 어엿한 왕족·무사의 가문이다. 지금은 삭발하고 가사를 걸쳐 사문의 몸이 되어 있거니와, 타고난 의젓함은 아직도 그 몸에 넘치고 있 었으리라. 왕은 벼슬하기를 권하며 그 내력을 물었던 것이다.

이에 대한 대답이 앞에 인용한 두 절로 된 운문이다. 거기에는 샤카족 이야기가 나온다. 히마반트의 기슭에서 사는 한 부족이라고······.

히마반트란 눈으로 덮인 산이라는 뜻으로 지금의 히말라야를 말한다. 그 고장은 또 예전부터 코살라 국에 속해 왔다고도 설명되고 있다. 여기서 '속하는'이라고 번역한 것은 팔리 어로는 niketa라고 하여, '그 휘하에'라는 뜻이다. 이 말을 통해 우리는 샤카족의 정치적 위치가 어떠했는지를 알 수 있다. 또 거기에는 부족의 칭호로서 '태양의 후예'라는 말이 나와 있고, 생족의 이름은 '샤카'라고 한다고 설명되어 있다. 아마도 사아캬(Sākiya) 또는 샤카(Sakya)는 코리아(拘利, Koliya) 족과 함께 '태양의 후예(Ādicca-bandhu)'라고 불리는 부족에 속하는 포족(胞族, phratry)이었을 것으로 생각된다.

어쨌든 샤카족이라는 이름은 붓다— 샤카족의 아들 고타마— 로 말미암아 비로소 세상에 알려졌다.

당시 사람들은 붓다를 일컬어 '샤카족에서 나와 출가한 사문'이라고 하거나, '샤카족의 아들인 사문 고타마'라고 했다. 우리 후세 사람들도 이 분을 '우러러서 석가모니(釋迦牟尼, Sakyamuni ; 석가족에서 나온 성자) 또는 석존(釋尊)이라고 일컫는다. 이런 명칭에 의해 샤카족의 이름은 불교의 문헌뿐 아니라 널리 일반에게까지도 알려져 있다. 그러나 샤카족 자체에 대해서는 아주 조금밖에는 알 수가 없다.

또 후세 사람들이 샤카족에 관해 기록한 것들은 그 진상이 심하게 왜곡되어 있어서 신빙성이 없다. 다행히도 여기에 붓다 자신이 설했다는 2절의 게가 전해 오므로, 이 성자를 낳은 부족에 대한 믿을 만한 소식을 그나마 들을 수가 있는 것이다.

# 정각(正覺)

일구 월심 사유하던 성자에게

모든 존재가 밝혀진 그 날,

그의 의혹은 씻은 듯 사라졌다.

연기(緣起)의 도리를 알았으므로.　　　　　『自說經』1 : 菩提品)

샤카족의 아들 고타마는 마가다 국에 머물면서 7년 동안이나 인생의 근본 문제를 해결하고자 온갖 정성을 다 바쳤다. 그런 끝에 라자가하(王舍城)에서 그리 멀지 않은 우루베라의 네란자라 강(尼連禪江) 기슭에 있는 핍파라(pippala) 나무 밑에서 마침내 그는 크게 깨달을 수가 있었다. 이런 인연으로 말미암아 그 나무를 보리수라고 부르게 되었고, 그 깨달음을 보리수 밑의 정각(正覺) 또는 대각 성취(大覺成就)라고 일컫는다.

그것은 그의 생애에서 결정적인 순간이었다. 그와 아울러 불교의 모든 흐름이 그 순간에 결정되었다고도 할 수 있다. 그러면 그것은 어떻게 하여 이루어졌는가? 또 어떤 사상을 내용으로 하고 있는가? 무릇 불교에 대해 관심과 흥미를 가지고 있는 사람이라면 누구나 알고자 하는 것은 무엇보다도 이 사실이 아닐 수 없다. 이것을 이제 나는 새로운 시각에서 구명해 가고자 한다.

여기에서 내가 취택한 한 경전(『자설경』)은 그 결정적 순간의 그의 모습과 생각을 묘사한 다음 앞에 든 운문으로 끝을 맺고 있다. 나는 그 운문을 될 수 있는 대로 직역해 놓았거니와, 그것이 말하고자 하는 것은 열심히 사유하는 성자에게 삼라 만상이 그 진상을 드러냈을 때 의혹이 모두 사라졌다는 점이다. 주의해서 읽어 보면, 여기에 불교의 진리에 대한 견해가 명료히 나타나 있음을 느끼게 된다.

이를테면 '무명(無明)'이라는 말을 음미해 보자. 이 말의 원어는 avijjā이며, 그것은 무지·미망을 나타내는 말이거니와, 그것을 표현하는 데 '무(無)'를 뜻하는 'a'와 '명(明)'을 뜻하는 'vijjā'를 연결했다는 것은 무지(無智)란 곧 진상이 밝혀지지 않은 상태라고 보았기 때문이다. 후세의 불교 문헌들은 이런 생각을 "광명이 오면 어둠이 사라진다."는 비유적 표현으로 이야기하고 있다. 이를테면 『사십이장경(四十二章經)』의 일절은 다음과 같이 말했다.

붓다께서 말씀하셨다. "대저 도(道)를 봄은 마치 횃불을 가지고 어두운 방에 들어갈 때, 그 어둠이 없어지고 광명만이 남는 것과 같으니라."

또 후세의 선승들이 말하는 것을 들으면, 지관 타좌(只管打坐)[5]하여 신심 탈락(身心脫落)[6]할 때, 꽃은 붉고 버들은 푸르러서[7] 삼라 만상은 그 진상을 있는 그대로 나타내 보인다고 한다.

이런 것이 불교를 일관하는 진리관이다. 이것은 고독한 사색가가 그 머리 속에서 얽어 낸 종류와는 다르다. 또는 흥분한 예언자가 갑자기 하늘로부터 계시를 받은 것과도 다르다. 오직 사람이 아무것에도 가리어지지 않은 눈을 뜨게 될 때, 일체의 존재는 있는 그대로 그 진상을 우리의 눈앞에 드러내 보인다는 것이다. 이것이 제법 실상(諸法實相)[8]이며, 이것이 불교의 진리관이거니와, 이런 진리의 관념은 결코 불교만의 것은 아니다. 그리스 사상가들이 말하는 진리의 관념도 이와 비슷한 점이 있다. 그들은 진리를 '알레테이아(alêtheia)' 라는 말로 나타냈다. 그것은 '덮여 있는 것(lêtheia)' 에 부정의 접두사 'a' 를 붙인 것이어서, '덮여 있지 않은 것' 을 뜻한다. 거기서도 역시 가려 있지 않은 존재의 진상이야말로 진리라고 생각되었음이 분명하다.

---

5) 선종의 말. 오직 앉는 것뿐이라는 뜻. 즉 좌선에 임해서 깨닫겠다든지 무엇을 해결하겠다든지 하는 노력을 떠나, 무심히 그저 앉아 있을 때 그것이 도리어 참된 경지가 된다는 뜻.

6) 몸과 마음에 대한 집착을 완전히 떠나는 것.

7) 도홍 유록(桃紅柳綠)에서 나온 말. 진리는 다른 데 있는 것이 아니라 우리의 현실이 바로 진리라는 뜻. '색즉시공 공즉시색' 과 같은 말.

8) 모든 존재의 진실한 모습.

그러면 대체 샤카족의 아들 고타마는 어떻게 하여 가려지지 않은 눈을 얻었고, 어떻게 하여 존재의 진상 앞에 설 수 있었던 것일까? 이에 대해서도 과거에는 보리수 밑의 결정적인 순간에만 마음을 빼앗긴 나머지, 7년에 걸친 긴 수행 기간을 별로 돌아보지 않았던 것 같다. 내가 이제 새로운 시각으로 이것을 구명해 보겠다고 하는 것은 마지막의 크나큰 해결에 초점을 맞추면서, 다시 한 번 이 오랜 기간에 걸친 수행을 돌아보자는 것에 지나지 않는다.

이 긴 수행 기간은 내 관점에서 본다면 세 단계로 나눌 수 있다. 그 첫째는 출가의 단계이다. 오래 된 경전은 자주 "집에서 나와 집 없는 사문이 되었다."는 말을 쓰고 있다. 그것은 가정 생활을 버리는 것과 함께 가사를 걸치고 사문으로서 살아감을 뜻하는바, 그 속에는 적어도 두 가지 포기가 포함되어 있다. 그 하나는 풍족한 가정 생활의 포기요, 또 하나는 고귀한 사회 생활의 포기이다. 고타마의 가정 생활은 부유하고 행복했으며, 그 사회적인 신분은 크샤트리아에 속해 있었다. 만약 마음만 있었다면 정치적으로 높은 지위에 오를 수도 있었을 것이다. 그러한 모든 것을 자진하여 버렸다는 것은 쉽지 않은 포기였음이 분명하다. 유럽의 불교 학자가 고타마의 출가를 번역하면서, 자주 '크나큰 포기(the great Renunciation)'라는 말을 쓴 것도 그 때문일 것이다. 그러나 이 '크나큰 포기'에 의해서 그는 우선 가정과 카스트(caste ; 사회 계급)의 속박으로부터 자유로울 수 있게 되었던 것이다.

그 둘째 단계는 여러 도인들을 찾아 공부한 기간이다. 오래 된 경전에는 아라라 카라마(Āḷāra-Kālāma)와 우다카 라마푸타 (Uddaka-Rāmaputta)가 그의 스승이었다고 나와 있다. 그들은 두 사람 다 이른바 육사 외도(六師外道)[9]에는 들어 있지 않으나, 그들 또한 그 당시 마가다 국을 중심으로 활약했던 새 사상가들이었을 것으로 추측된다. 그리고 낡은 사상의 계보에 속하는 바라문(婆羅門)[10]을 찾았다는 기록은 전혀 안 보이므로, 그가 어디까지나 새로운 사상의 조류 속에서 호흡하고 있었음을 알 수 있다.

그러나 학문이나 사상의 세계에서는 스승도 또한 넘어가지 않을 수 없다. 제자가 언제까지나 '스승의 제자'로서 멈추어 있어서는 사상의 새로운 전개가 불가능하기 때문이다. 고타마는 차례차례 스승을 버리고 지나갔다. 그리고 마침내 자기 혼자의 힘으로 길을 개척하고자 결심하기에 이르렀다. 그것 또한 보리수 밑의 정각에 이르는 필연의 과정이었다고 아니 할 수 없을 것이다.

그러나 그것만으로 정각을 향한 길이 곧바로 열린 것은 아니었다. 그의 앞에는 아직도 넘어야 할 고개가 가로놓여 있었다. 스승의 곁을 떠난 고타마는 꽤 오랫동안 고행에 의해 목적을 달

---

9) 붓다 당시의 여섯 명의 사상가. 그것이 정도(正道)가 아니라 하여 불교 쪽에서 이렇게 부르는 것.
10) '바라문교'를 가리킴이니, 인도 고대의 정통적인 종교. 절대자인 브라만(梵)과 자아인 아트만의 합치를 주장했다.

성해 보려 애썼다. 고행이란 육체를 약화시킴으로써 정신의 힘을 높일 수 있다는 사고 방식에서 나온 수행이다. 고대에는 어느 민족이나 이런 경향이 있었지만, 그 중에서도 가장 심했던 것이 인도인이었다. 그것은 그들의 고질이라 해도 좋을 것이어서, 현재도 이러한 병폐는 그들 속에 남아 있는 것 같다.

그는 여러 가지 고행을 했다. 또 누구보다도 열심히 그것을 행했다. 그러나 뛰어난 경지는 아무리 기다려도 나타나지 않았다. 그의 손발은 겨릅처럼 바짝 야위어 갔다. 뱃가죽은 등에 닿을 정도였다. 육체는 극도로 쇠약해지고 정신의 힘도 몽롱해지기만 했다. 그래서 그는 '깨달음에 이르는 데는 아마 다른 길이 있을지 모른다.'고 생각하기에 이르렀다. 고행이 정각에 이르는 정당한 방법일 수 없음을 간파(看破)했던 것이다.

그는 드디어 고행을 버리고 우유로 쑨 죽을 먹고 또 밥도 먹었다. 그것은 매우 중대한 단계였을 것으로 생각된다. 고행에 신비한 힘이 깃들어 있다고 믿었던 고대 사회에서 그 불합리성을 확인하고 그로부터 탈출한다는 것은 오늘의 우리가 상상조차 못할 만큼 어려웠을 것이다. 지금껏 그에 대해 찬탄해 마지않던 사람들도 그가 고행을 중지한 것을 보고는, 타락했느니 사치해졌느니 하며 경멸의 눈초리를 보내 왔다. 그런 속에서 그는 다시 한 번 체력을 회복하여 마가다 국의 여기 저기를 순회한 다음, 우루베라의 네란자라 강 기슭에 이르러 그 보리수 밑에 풀을 깔고 앉았다. 그로부터 얼마 지나지 않아 그는 그 자리에서 크나큰 진리를 깨달을 수 있었다.

후세의 불교인들은 그가 깔았던 풀을 '길상초(吉祥草)'라 부르고, 그 앉았던 자리를 '금강좌(金剛座)'라고 일컬었다. 그리고 그가 여기에 앉은 다음부터 대각을 성취하기까지의 기간은 그리 길지는 않았을 것으로 여겨진다. 왜냐하면 미망 즉 가려져 있던 것들은 이미 차례차례로 제거되어서 그 자리에 앉은 샤카족의 아들 고타마의 눈을 가리는 것이라고는 이제는 아무것도 없었던 까닭이다. 오래 된 경전은 흔히 이 사실을 "눈이 생기고 지혜가 생겨"라고 표현하고 있거니와, 이리하여 가려진 것들이 제거됨으로써 활짝 열린 눈앞에 존재가 그 진상을 드러내 보일 준비는 이미 되어 있었던 것이다.

따라서 보리수 밑에서의 정각이 어떻게 이루어졌는지에 대해서 알고자 하는 사람은 오직 저 결정적인 순간에만 넋을 빼앗겨서는 안 되리라. 오히려 눈을 돌려 거기에 이르기까지의 과정을 살펴보고, 어떠한 장애물이 그의 눈으로부터 제거되었는지를 고요히 생각해야 할 것이다.

# 보리수 밑에서의 생각

고생 끝에 겨우겨우 얻은 이것을
어이 또 남들에게 설해야 되랴.
오, 탐욕과 노여움에 불타는 사람에게
이 법을 알리기란 쉽지 않아라.

세상의 상식을 뒤엎은 그것
심심 미묘하니 어찌 알리오.
격정에 매이고 무명에 덮인 사람은
이 법(法)을 깨닫기 어려우리라.　　　　(『相應部經典』 6 : 1 勸請)

　보리수 밑에서 진리를 깨달은 다음에도 붓다는 얼마 동안을
그 고장에 머물렀다. 그 기간은 아마 몇 주일에 지나지 않았으려

니와, 그 동안 붓다의 가슴을 오고 간 생각 중에는 참으로 중대하고 흥미 진진한 것들이 포함되어 있었다.

그 첫째 것은 깨달은 내용을 마음속에서 반복 음미하여 정리해 간 일이다. 그때 붓다의 가슴속을 한마디로 표현해 본다면 '지혜의 즐거움'으로 꽉 차 있었다고 할 수 있으리라. 사람으로서 맛볼 수 있는 즐거움 중에서 최고의 것을 찾는다면 그것은 역시 지혜에서 오는 즐거움일 터이다. 그것은 제한 없는 즐거움이요, 순수한 즐거움이요, 또 고요한 즐거움이다. 경전은 그 당시의 붓다에 대하여

처음으로 정각(正覺)을 성취하신 세존(世尊)[11]께서는 우루베라의 네란자라 강 기슭에 있는 보리수 밑에서 결가부좌[12]하신 채, 이레 동안 해탈의 즐거움을 맛보시면서 앉아 계셨다.

고 기록하고 있다. 그 고요한 즐거움은 이 담담한 표현의 행간에서도 배어 나오는 듯 느껴진다.

붓다 정각의 사상적인 내용은 앞에 든 『자설경』의 게에 의하건대 연기의 법칙(sahetu dhamma)이었다고 한다. 그 상세한 것은 뒤로 미루겠으나, 단적으로 말한다면 그것은 관계성의 법칙이요, 상의성(相依性)의 법칙이며, 원인·결과의 법칙이라고 할 수 있다. 그리고 그것이 이렇게 법칙성의 것이라면 그것을 사실에 맞

11) Bhagavat. 붓다를 일컫는 열 가지 이름 중의 하나. 세상에서 가장 존귀한 분이라는 뜻.
12) 오른발을 왼쪽 넓적다리 위에 놓고, 왼발을 오른쪽 넓적다리 위에 놓고 앉는 자세.

추어 보아서 그것이 진리인지 아닌지를 검토해야 했을 것이다. 그로부터의 며칠 동안을 붓다는 이런 음미로 소일한 것이라고 여겨진다. 그런데 일체의 존재는 남김 없이 이 법칙에 의존하고 있음이 판명되었다. 다시 이것을 인간 존재에 적용시켰더니 그 것 역시 환히 풀렸다. 이리하여 '지혜의 즐거움' 은 마치 샘물처럼 끝없이 솟구쳐 나왔던 것이겠다.

그러나 이런 어느 날 붓다의 가슴속에는 생각하지도 않았던 불안이 그림자를 나타냈다. 경전은 그것을 이렇게 말하고 있다.

"참으로 존경할 데가 없이 사는 것은 괴롭다. 나는 어떤 사문 이나 또는 바라문을 존경하고 의지하면서 살아야 되는 것일 까?"

그것은 참으로 이상한 생각이다. 특히 후세의 불교인들의 상 식에서 본다면, 정각을 성취한 붓다로서는 있을 수 없는 일이라 고 생각될 것이다. 왜냐하면 그 말이 뜻하는 바는 존경하고 섬길 사람이 없는 생활은 괴롭다는 고백이기 때문이다. 그러기에 예 로부터 이 경(『상응부경전』 6 : 2 공경. 한역 동본, 『잡아함경』 44 : 11 존중)을 문제 삼은 사람은 아무도 없었던 것이다. 그러나 잘 음 미해 보면 거기에는 중대하고 미묘한 계기가 포함되어 있음을 알게 된다. 종래의 불교인들은 그것을 바로 보지 못한 것이 아니 었나 생각된다.

사람은 이 세상에서 혼자 살아가지는 못한다. 물질 면에서도 그러려니와 정신적으로도 마찬가지이다. 사랑·동정·공감·이해, 이런 것들이 없다면 이 세상은 사막처럼 쓸쓸할 것이다. 문학이니 예술이니 사상이니 하는 것도 혼자서라면 처음부터 존재할 의미가 없어진다. 비록 어떤 기막힌 사상이 어느 사람의 머릿속에 떠올랐다고 해도, 그것이 남에게 표현·전달되고 이해되지 않는다면, 마침내 그것은 무와 같은 것이 될 수밖에는 없을 것이다. 아니 그것이 표현에 의해 객관화됨으로써 누군가에게 이해될 때 비로소 사상이 생겨나는 것인지도 모른다. 왜냐하면 인간과 인간의 세계가 그렇게 되어 있는 까닭이다.

이제 붓다는 가리는 것이 없는 눈으로 일체 만유의 진상을 꿰뚫어 보았다. 그것이 정각이다  그러나 그것은 아직 그 한 사람의 가슴속에 간직되어 있을 뿐이다. 이른바 내증(內證 ; 내적 체험)이다.

그 내증을 가만히 맛보고 고요한 즐거움에 잠기면서도 그는 갑자기 이상한 불안을 느꼈던 것이다. 만약 자기와 같은 사상을 지니고 있는 사문이나 바라문이 어딘가에 있다면, 그에게 찾아가서 함께 살고 싶었을 것이다. 그러나 그런 사람은 아무 데도 없는 것을 어쩌랴. 그렇다면 이 세상에서 의지할 것이라고는 스스로 깨달은 법(진리)밖에는 없지 않은가! 그것을 객관적으로 표현하여 누군가의 이해를 구하는 것, 그것만이 인간 고타마에게 남은 단 하나의 길이었다. 이에 전도의 문제, 즉 설법의 문제가 떠오르게 되었던 것이다.

여기에서 이 장(章)의 첫머리에서 소개한 2절의 운문을 되새

겨 주시기 바란다. 거기에는

> 고생 끝에 겨우겨우 얻은 이것을
> 어이 또 남들에게 설해야 되랴.

라는 구절이 있었다. 붓다는 설법의 문제를 앞에 놓고 우선 주저했음이 명백하다. 이것 또한 후세의 불교인들의 상식으로 볼 때 있을 수 없는 일로 여겨지리라. 왜냐하면 그들은 붓다가 중생 제도를 위해서 출가했다고 배웠기 때문이다. 그러나 그것은 동기와 결과를 엇바꾸고 있음이 분명하다.

붓다가 출가를 감행했을 때, 그 어깨에 걸머지고 있던 것은 분명히 자기의 문제, 자기의 고민이었다. 최근의 정밀한 연구로 밝혀진 것은 "많은 사람들의 이익과 행복을 위해"라는 문구가, 바꾸어 말하면 중생 제도를 목적으로 표방하는 말이 비로소 경전에 나타난 것은 훨씬 후대의 일이라는 점이다. 최초의 설법이 베풀어지고 제자들도 이미 60명으로 불어나 전도를 위해 그들을 처음으로 떠나 보낼 때, 붓다의 말씀 속에 이 구절이 비로소 나타났던 것이다. 이것을 뒤집어 생각하면, 출가 시절에는 말할 것도 없고 드디어 크나큰 해탈에 이르렀을 때에도 아직 이 문제는 상정되어 있지 않았다는 것이 된다. 그것이 갑자기 설법의 형태로서 문제가 되기에 이르렀던 것이니, 붓다의 마음이 먼저 부정쪽으로 기울어졌던 것도 당연했는지 모른다. 그리고 이것이 그게의 뜻이기도 하다. 같은 경에서는 또 그때 세존의 마음은 침묵으로 기울고 설법으로는 기울지 않았다.

고도 말하고 있다.

　그 주저함의 이유는 무엇인가? 그것이 앞에 든 운문의 후반 부분의 내용이다. 만약 법을 설한다 해도 사람들이 과연 그것을 이해할 수 있을까, 그것이 걱정이었기 때문이라고 설명되어 있다. 이것은 붓다가 깨달은 사상의 내용이 이해하기 매우 어려운 것이었음을 보여 주는 말이다.

　세상의 상식을 뒤엎은 그것,
　심심(深甚) 미묘 정세하니 어찌 알리오.

　이렇게 어려운데도 세상 사람들은 탐욕과 분노에 사로잡히고 격정과 무명에 덮여 있다. 그렇다면 내가 기껏 설해 보았자 나만 지치고 말리라. 그것이 붓다의 심정이었던 것이다. 설법이 중요한 문제가 되면서도 이렇게 붓다의 마음은 쉽사리 그 쪽으로는 기울지 않았다.

　그것을 뒤집어 마침내 설법의 결심으로까지 이끌고 간 소식을 이 경은 신화적인 수법으로 묘사하고 있다. 이른바 '범천 권청'의 설화가 그것이다.

　범천(梵天)이란 만유의 근원이라는 범(梵), 즉 브라만(Brahman)을 신격화한 인도의 신이다. 그것이 불교에도 섞여 들어와서 교법 수호의 신으로서 자주 경전에도 나타나거니와, 지금도 붓다가 설법을 주저하고 있음을 안 범천은 그래서는 세상이 망하리라고 걱정한 나머지 급히 붓다 앞에 나타나서 권했다는 것이다.

"세존이시여, 원컨대 법을 설하시옵소서. 이 세상에는 눈이 티끌로 가려짐이 적은 사람도 있사옵는바, 그들도 법을 듣지 못한다면 망하지 않겠나이까? 그들은 법을 듣는다면 필시 깨달음에 이르오리다."

그래서 붓다는 다시 한 번 세상 사람들의 모습을 관찰했다. 그때 붓다의 눈에 비친 세상 사람들의 모습을 경전은 연꽃에 비유하여 아름답게 서술하고 있다.

못 속에는 온갖 빛깔의 연꽃이 핀다. 아직 흙탕물 속에 잠겨 있는 것도 있다. 그러나 어떤 것은 수면 위에 고개를 들고 아름답게 피어 있다. 진흙 속에서 나왔으면서도 그것에 조금도 물들지 않은 채 아주 맑은 꽃을 피운다. 그것과 같이 세상 사람들도 가지각색임을 관찰한 붓다는 마침내 설법을 결심했다. 그리고 말했다.

내 이제 감로(甘露)의 문을 여나니
귀 있는 이는 들으라, 낡은 믿음 버리고.

붓다가 진리를 깨달았다는 것은 불교에서는 가장 중요한 일이다. 만일 그 사실이 없다면 오늘의 불교도 있을 수 없었을 것이기 때문이다. 그러나 그 깨달음의 내용이 설법의 형식을 통해 객관화되었다는 것도 또한 마찬가지로 중요한 일이다. 왜냐하면 이것 없이는 불교가 성립할 수 없는 까닭이다. 그리고 그런 설법의 결심도 그 보리수 밑에서 차차 익어 갔음을 보았거니와, 붓다는 여전히 그 밑에 앉아서 움직이려고 들지 않았다.

# 첫 설법

　"비구들아, 출가한 이는 두 극단에 달려가서는 안 되나니, 그 둘이란 무엇인가? 온갖 욕망에 깊이 집착함은 어리석고 추하다. 범부의 소행이어서 성스럽지 못하며 또 무익하나니라. 또 스스로 고행을 일삼음은 오직 괴로울 뿐이며, 역시 성스럽지 못하고 무익하니라. 나는 이 두 가지 극단을 버리고 중도를 깨달았으니, 그것은 눈을 뜨게 하고 지혜를 생기게 하며, 적정(寂靜)[13]과 증지(證智)[14]와 등각(等覺)[15]과 열반(涅槃)[16]을 돕느니라."
　　　　　　　　　　(『相應部經典』56 : 11. 漢譯同本, 『雜阿含經』15 : 17 轉法輪)

---

13) 마음에 번뇌가 끊어져 고요하고 편안한 모양.
14) 중도와 참다운 지혜를 체득하는 것.
15) 붓다의 깨달음은 평등하다는 뜻. 또 붓다를 일컫는 이름.
16) 이 책 제2부 8장 '열반' 참조.

보리수 밑에서의 명상은 계속되었다. 그러는 중에 붓다가 다시 생각한 것은 주로 다음의 두 가지였다고 생각된다.

그 첫째는 저 내증(內證), 즉 보리수 밑에서 깨달은 내용을 표현하는 일, 더 적절히 말한다면 그것을 설법하기 위해 조직하고 체계화하는 일이었을 것이다. 그런 이야기는 경전의 어디에도 나타나 있지는 않다. 그러나 깨달음의 사상적 내용인 '연기의 법칙'과 최초의 설법에서 주요한 주제가 되었던 '네 가지 진리(四諦)'를 비교할 때, 얼른 보아 이 두 가지는 완전히 다르다는 것을 알 수 있는 것이다. 붓다는 겨우 설법할 결심이 서서 처음으로 사람들을 향해 법을 설했을 때, 자기의 깨달음의 내용을 결코 그대로 말한 것은 아니었음이 명백하다. 그것은 주도한 배려에 의해 조직되고 체계화되어, 이른바 '네 가지 진리'로서 제시되었던 것이다.

그러면 그런 조직은 언제 이루어졌던가? 그것 또한 보리수 밑에서의 명상중에, 아마도 설법의 결의가 서고 난 다음에 이루어졌을 것으로 여겨진다. '연기의 법칙'과 '네 가지 진리'의 관계 즉 전자가 어떻게 조직됨으로써 후자의 체계를 이룰 수 있게 되었는가 하는 점을 이해한다면, 이것은 바로 불교의 전 체계의 기초를 이해하는 것이 될 것이다. 이것에 대해서는 뒤에서 상세히 언급하고자 한다.

다음으로 붓다의 가슴에서 오고 간 둘째 생각이란 어떤 것이었던가? 그것은 먼저 누구를 향해서 이 법(진리)을 설할 것이냐 하는 문제였을 것으로 추측된다. 즉 설법할 첫 대상자의 선택이다. 앞에서도 이미 나온 바와 같이 이 법은 심심 미묘하고 또 세상의 상식을 뒤엎는 것이기 때문에, 걱정이나 무지에 사로잡혀 있는 사람에게는 좀처럼 이해되지 않을 것이다. 그것이 걱정인 까닭에 붓다도 자주 설법을 주저했던 것이다. 그렇다면 이것을 빨리 이해할 사람은 과연 누구일까? 누구에게 먼저 이 법을 설해야 할 것인가? 계속해서 그리고 마지막으로 보리수 밑에서 붓다가 생각한 것은 이 문제였을 것이다.

첫 설법의 상대, 그 지명은 먼저 아라라 카라마 위에 떨어졌다. 그는 일찍이 붓다가 찾아가서 가르침을 받은 적이 있는 옛 스승이었다. 그 스승이라면 반드시 이해하여 주려니 생각했던 것이리라. 그러나 알아보았더니 그 사람은 이미 죽고 없었다. 실망한 붓다는 역시 예전의 스승이었던 우다카 라마푸타를 생각했던 것이나, 그도 또한 죽었음이 판명되었다.

이리하여 옛 스승과의 재회는 끝내 실현되지 않았거니와, 그것은 당시의 붓다의 심경에 대해 많은 것을 시사해 준다. 먼저 설법의 상대로 옛 스승을 택했다는 것은 그들에게서 따뜻한 이해를 기대한 것이었는지도 모른다. 말하자면 자기가 깨달은 내용이 참인지 거짓인지 검증 받고자 한 것으로 여겨진다. 이것 또한 후세의 불교인들의 입장에서 본다면, 터무니없는 억측이라고 할지도 모른다. 붓다의 확고한 신념은 이미 보리수 밑에서의 정각에서 확립된 것이라고 질타할지도 모른다. 그러나 아함부의 여러 경전이 말하는 붓다의 인상은 결코 그런 것이 아니다. 붓다는 결코 경솔하게 확신하는 사람은 아니었다. 신령에 충만하여 포효하는 사람과도 성격이 달랐다. 검토에 검토를 거듭한 끝에 마침내 확신을 가지고 자기의 길을 걸어가는 것, 그것이 붓다의 사람됨이었다. 더욱이 당시의 붓다는 아직 서른 다섯 살밖에 안 된 젊은이였음을 생각해야 한다. 비록 크나큰 해결은 이미 이루어졌을망정, 그것을 내세우면서 천하에 군림할 자신은 충분하게 서 있지 않았다고 해서 조금도 이상할 것은 없다. 그러나 흔들림 없는 확신과 절대적인 자신은 얼마 안 가서 확립되기에 이르니, 처음으로 한 설법에서 훌륭한 성과를 거두었을 적이 그때였다. 그런 뜻에서 보면 최초의 설법이야말로 붓다에게는 가장 큰 시련이었다고 할 수 있다. 그것에 대한 붓다의 태도 또한 이만저만한 것이 아니었을 것으로 생각된다.

옛 스승 두 사람이 다 죽었다는 것을 안 붓다는 생각 끝에 친구들을 설법의 대상으로 선택했다. 경전은 언제나 그들을 가리켜서 '다섯 비구'라고 했거니와, 그들은 일찍이 붓다가 고행에 몰두하고 있을 무렵 여러 가지로 붓다를 도운 사람들이었다. 그러나 붓다가 고행을 포기하는 것을 보고는 경멸의 태도를 노골적으로 나타내면서 그의 곁을 떠난 사람들이기도 했다.

붓다는 여기저기 수소문한 결과, 그들이 지금 바라나시(波羅捺)의 교외 이시파타나 미가다야(鹿野苑)에 있다는 것을 알아냈다. 붓다는 곧 보리수 밑을 떠나 바라나시로 갔다. 우루베라에서 바라나시까지는 250킬로미터가 넘는다. 그야말로 천리를 멀다 여기지 않고 오직 법을 설하기 위해 떠났던 것이니 붓다가 이 첫 설법에 얼마나 열성적이었는지 이해가 간다.

얼마 가지 않아 붓다는 한 사문을 만났다. 경전은 그의 이름을 사명외도(邪命外道)[17]인 우파카(Upaka)라 전하거니와, 그는 붓다의 얼굴을 보자 말을 걸어 왔다.

"존자여, 당신의 얼굴은 참으로 광명에 넘쳐 있습니다. 당신은 누구에 의해 출가했고, 누구를 스승으로 모셔 가르침을 받았습니까?"

그것은 붓다가 그 깨달은 바를 이야기할 예기치 않은 기회가 되었다. 경전은 여기에서도 붓다의 대답을 운문으로 기록해 놓았다.

나는 일체에 뛰어나고 일체를 아는 사람.
무엇에도 더럽혀짐 없는 사람.
모든 것 사리(捨離)하여
애욕을 끊고 해탈한 사람.
스스로 체득했거니
누구를 가리켜 스승이라 하랴.
나에게는 스승 없고, 같은 이 없으며
이 세상에 비길 이 없도다.
나는 곧 성자요 최고의 스승,

---

17) Ājīvaka. 고살라(Makkhali Gosāla)가 시작한 종교. 모든 것은 운명이요, 인간의 의지력은 아무 작용도 하지 못한다고 보았다.

나 홀로 정각(正覺) 이루어 고요롭도다.
이제 법을 설하려 카시(迦尸)로 가거니
어둠의 세상에 감로(甘露)의 북을 울리리라.


아직 젊은 붓다가 자신 만만하게 말하는 모습이 눈에 선하다. 이 소리를 들은 우파카는 아연 실색해서 "어쩌면 그럴지도 모르지."라는 아이러니한 말을 남긴 채 머리를 설레설레 흔들면서 가 버렸다고 한다. 첫 기회가 헛되이 되고 말았던 것이다.

붓다는 다시 여행을 계속하여 마침내 미가다야(鹿野苑)에 도착했다. 그러나 거기에도 만만치 않은 상대들이 기다리고 있었다. 다섯 명의 비구들은 붓다가 다가오는 것을 보고도 환영하려고조차 하지 않았다. 한 문헌(『율장대품』)은 그때 그들이 한 말을 이렇게 기록하고 있다.


"보라! 저기에 나타난 이는 고타마이다. 그는 고행을 버리고 사치에 떨어진 사람이다. 인사도 하지 말고, 일어나 마중도 하지 말고, 의발(衣鉢)도 받아 주지 말아야 하리라. 그러나 자리만은 펴 주자. 앉고 싶거든 앉게는 해야지."


그래도 막상 붓다가 다가오자 그들은 일어나서 맞아 주었다. 의발도 받아 주고 발을 씻을 물도 떠다 주었다. 역시 친구로서의 우정이 남아 있었던 것이리라. 그러나 붓다가 그 깨달은 바를 이야기하려 하자 그들은 완고히 듣기를 거부했다. 그들은 앞서 붓다가 고행을 포기한 것을 보고, 그가 타락한 것이라고 생각하고 있었으므로, 그가 훌륭한 진리를 깨달을 수 있었으리라고는 도저히 믿지 못했던 것이다. 옥신각신한 끝에 붓다가 말했다.

"그럼, 너희는 예전에 내 안색이 이렇게 광명에 넘치는 것을 본 적이 있는가?"

안에 훌륭한 정신을 지닌 사람은 그 안색도 빛나게 된다. 고대 인도 사람들은 그것을 믿어 의심하지 않았다. 많은 문헌이 그것을 증명하고 있다. 다섯 명의 비구들도 그렇게 듣고 보니 고타마의 안색이 예사가 아닌 것처럼 생각되었다. 그러면 어디 그가 말하는 것을 들어나 보자는 쪽으로 마음이 움직였다. 그리하여 경전이 '여래소설(如來所說)'이라고 부르는 최초의 설법이 베풀어지게 되었던 것이다.

붓다가 45년에 걸쳐 행했던 설법은 아마도 몇 천 회에 이를 것이다. 그리고 그런 설법은 모두 '대기 설법(對機說法)'이었다고 한다. 사람들의 기근(機根)[18]에 따라, 또 문제에 따라 거기에 어울리는 내용이 설해진 까닭이다. 그런 중에서 오직 한 번만 예외가 있었다. 그 예외가 지금 말하고자 하는 설법이다.

여기서는 먼저 설하고자 하는 가르침의 내용이 마련된 다음에 "이것을 빨리 깨닫는 이는 누구냐?"고 해서 설법의 기회가 주어

---

18) 진리를 받아들이는 중생의 소질. '근기'라고도 함.

졌던 것이다. 그런 뜻에서 볼 때 붓다가 그 깨달은 내용을 가지고 자진해서 설한 것은 이 첫 설법뿐이었다고 할 수 있다. 팔리어 경전의 편찬자가 첫 설법의 내용을 전하는 경전에 '여래소설'이라는 이름을 붙인 이유도 여기에 있다고 믿어진다. 또 한역의 『아함경』에서는 이 경을 '전법륜(轉法輪)' [19]이라고 불렀거니와, 그것도 같은 생각에서 나왔을 것으로 추측된다. 붓다는 많은 것을 설하셨으나, 이야말로 여래가 설하신 것이라고 주장할 수 있는 것은 이 경밖에는 없다고 본 것이리라. 그 정도로 이 설법이 갖는 뜻은 큰 것임이 확실하다.

그 설법 — 그것을 후세 사람들은 '초전법륜(初轉法輪)'이라는 엄숙한 표현으로 부른다 — 은 이제 미다가야에서 다섯 명의 비구를 상대로 하여 설해지게 되었다. 그 앞 부분의 내용이 이 장(章)의 첫머리에 인용한 일절이었던 것이다.

그것은 먼저 두 극단적인 입장에 대한 비판으로 시작되었다. 그 하나는 쾌락주의의 입장, 즉 온갖 욕망에 깊이 집착하는 것에 대한 비판이다. 또 하나는 금욕주의의 입장, 즉 스스로 고행을 일삼는 것에 대한 비판이다.

돌이켜 본다면 그것들은 모두 붓다 자신이 몸소 체험한 생활 방식임에 틀림없다. 일찍이 가정에 계셨을 때 온갖 욕망에 묻혀 있던 이가 바로 그 자신이 아니었던가. 그것을 붓다는 출가 즉 '크나큰 포기'의 감행으로 넘어설 수 있었다. 그러나 출가한 그

---

19) dharmapradakṣina. 불법(佛法)의 '수레바퀴'를 굴린다는 것이니, 곧 붓다의 설법.

는 다시 고행에 사로잡히고 말았다. 여기서도 고행에 열중하던 붓다는 차츰 그 불합리성을 간파할 수가 있었다. 결국 두 극단적인 입장에 대한 비판은 바로 그 자신의 과거에 대한 반성이기도 했던 것이다.

그리하여 이제 새로이 택한 입장으로서의 중도(中道)와 그 위에서 전개된 사상 체계로서의 네 가지 진리(四諦)가 계속해서 설해지게 되었다.

# 네 가지 진리

"여러분이여, 모든 동물의 발자국은 다 코끼리의 발자국 속에 들어온다. 코끼리의 발자국은 그 크기가 동물 중에 으뜸이다. 그와 마찬가지로 여러분이여, 모든 착한 진리는 다 네 가지 성제(聖諦) 안에 포섭된다.

그 네 가지란 고(苦)의 성제 · 고의 발생의 성제 · 고의 멸진(滅盡)의 성제 · 고의 멸진에 이르는 길의 성제이다."

(『中部經典』 28 象跡喩大經. 漢譯同本, 『中阿含經』 30 象跡喩經)

여기에 든 것은 '코끼리의 발자국으로 비유한 경'이라는 특이한 이름을 가진 경전이며, 이 경의 주인공은 붓다의 으뜸가는 제자라는 사리불(舍利弗, Sāriputta)이다. 그가 자주 스승인 붓다를 대리하여 붓다의 젊은 제자들에게 스승의 가르침을 해설했던 일이 여러 경전에 나타나 있거니와, 여기서도 그는 스승이 설한 '네 가지 성제'를 설명하기 위해 그 첫머리에 코끼리 발자국의 비유를 들고 있는 것이다. 그런 비유는 아마도 코끼리가 많은 인도 특유의 것이리라. 뭍에서 가장 큰 그 동물의 발자국은 물론 매우 커서, 다른 동물의 발자국은 모두 그 속에 들어가 버린다. 그래서 그는 가장 포괄적인 것을 코끼리의 발자국에다 비유한 것이겠다. 그리고 사리불은 그것에 의해 붓다가 설한 바 온갖 가르침 속에서 차지하는 '네 가지 성제'의 위치를 설명하고 있는 것이다.

또 다른 경(『중부경전』63 마나가 소경. 한역 동본.『중아함경』22 전유경)에 의하면 붓다는 마룬캬(Mālunkya)라는 제자를 상대로 다음과 같이 설한 적도 있다.


"그러므로 마룬캬여, 내가 설하지 않은 일은 설하지 않은 채로 수지(受持)[20]함이 좋고, 또 내가 설한 일은 설한 대로 수지함이 좋으니라.

그러면 마룬캬여, 내가 설한 것이란 무엇이던가? '이는 고(苦)이다.'라고 나는 설했다. '이는 고의 발생이다.'라고 나는 설했다. '이는 고의 멸진이다.'라고 나는 설했다. 또 '이는 고의 멸진에 이르는 길이다.'라고 나는 설했다.

마룬캬여, 왜 나는 그것들을 설했던가?

---

20) 붓다의 가르침을 받아들여 지니는 것. 즉 받드는 것.

마룬캬여, 그것들은 정말 도움이 되며, 범행(梵行)[21]의 기초
가 되며, 적정·증지·등각·열반에 이바지하느니라. 그러기
에 설했음을 알라."

마룬캬라고 불리는 이 제자는 오늘날의 말로 하면 청년 철학
도였다고나 할까? 이 세계는 유한한가 무한한가, 인간은 죽은
다음에도 존재하는가 못하는가, 또는 영혼과 육체는 동일한가
동일하지 않은가, 당시에 유행하던 이런 문제를 논하기 좋아하
는 사람이었다. 그러나 붓다는 그런 문제에 대해서는 전혀 언급
하려고 하지 않았으므로, 그는 그것을 불만스럽게 여기고 있었
다. 이 젊은이가 어느 날 붓다를 찾아와서 그 불만을 털어놓았을
때, 그에게 '화살의 비유'를 들어 친절하게 설명한 다음, 마지막
에 가서 힘을 주어 한 말씀이 이것이었다. 거기에서 붓다는 "내
가 설하지 않은 것은 설하지 않은 채 수지하라." 또 "내가 설한
것은 설한 대로 수지하라."고 하여 매우 힘 있게 끊어서 말하고
있거니와, 그러면 대체 붓다가 설한 것은 어떤 내용이었던가?
그것은 바로 '네 가지 성제'였다고 붓다 자신이 명백히 밝히고
있다.

이와 같이 '네 가지 성제'는 붓다의 가르침의 중심 골격을 이
루는 것이었다. 이 사실은 저 다섯 비구를 상대로 설해진 이후,
그 생애를 통해 전혀 변함이 없었다. 그러면 그것은 어떤 내용이

---

21) brahmacara. 청정한 행위·욕망을 끊는 것.

었던가? 지금은 그 사람을 말하는 것이 중심 문제요, 그 사상을 설명하는 것은 주제가 아니나, 먼저 얼마라도 그것에 대해 언급하지 않는다면 최초의 설법 소식은 완전히 그 안목(眼目)을 잃을지도 모른다.

'네 가지 성제(cattāri ariyasaccāni)'는 흔히 줄여서 '사성제' 또는 '사제'라고 일컬어진다. '제(諦)'는 sacca(Pāli) 혹은 satya(Skt.)의 역어로 '진리'를 뜻하는 말이거니와, 그것은 아울러 '엄숙한 단언'을 뜻하기도 한다. 따라서 여기에서는 오히려 '엄숙하게 진리를 말씀한 단언적 명제'라고 받아들이는 편이 그 뜻에 더 가까울 것으로 생각된다. 붓다는 아마도 그 생애를 통해 이것을 숱하게 되풀이해서 설했으려니와, 이제 여러 경에 나타난 바를 검토할 때, 가장 간명한 형식은 앞서 인용한 마룬캬에게 설명해 주던 그 양식이었을 것으로 짐작된다.

"이는 고(苦)이다."
"이는 고의 발생이다."
"이는 고의 멸진(滅盡)이다."
"이는 고의 멸진에 이르는 길이다."

'여래소설'이라고 불리는 첫 설법에서는 이것이 더 상세하게 나온다. 아마도 처음으로 내세우는 것이라 자세한 설명이 필요했던 것 같다.

"비구들이여, 이것이 고의 성제이다. 마땅히 들어라. 생(生)은 고이다. 노(老)는 고이다  병은 고이다. 죽음은 고이다. 시름·근심·슬픔·불행·번민은 고이다. 미워하는 사람을 만나는 것은 고이다. 사랑하는 사람과 헤어지는 것은 고이다. 욕심 나는 것을 얻지 못함은 고이다. 뭉뚱그려 말한다면 이 인생의 양상은 고 아닌 것이 없느니라."

"비구들이여, 이것이 고의 발생의 성제이다. 마땅히 들어라. 후유(後有)[22]를 일어나게 하고, 기쁨과 탐심을 수반하며, 모든 것에 집착하는 갈애(渴愛)[23]가 그것이다. 그것에는 욕애(欲愛)[24]와 유애(有愛)[25]와 무유애(無有愛)[26]가 있느니라."

"비구들이여, 이것이 고의 멸진의 성제이다. 마땅히 들어라. 이 갈애를 남김 없이 멸하고, 버리고, 떠나고, 벗어나 아무 집착도 없게 되기에 이르는 것이 그것이니라."

"비구들이여, 이것이 고의 멸진에 이르는 길의 성제다. 마땅히 들어라. 성스러운 팔지(八支)의 도(道)가 그것이니, 정견(正見)·정사(正思)·정어(正語)·정업(正業)·정명(正命)·정정

---

22) 과보(果報).
23) 욕망에 빠지는 것.
24) 탐내는 생각을 일으켜 무엇을 욕구하는 것. 주로 성욕.
25) 개체를 존속시키고자 하는 욕망.
26) 명예·권세에 대한 욕망.

진(正精進)·정념(正念)·정정(正定)이니라."

여기에서 "마땅히 들어라." 이하의 설명을 빼고 그 항목만을 열거하면 이렇게 된다.

1) 고의 성제
2) 고의 발생의 성제
3) 고의 멸진의 성제
4) 고의 멸진에 이르는 길의 성제

이전부터 불교인들은 이것을 간략히 하여 '고(苦)·집(集)·멸(滅)·도(道)'의 사제(四諦)라고 했다. 둘째 것을 '집'이라고 한 것은 한역(漢譯)에서는 예전에 '발생'을 '집기(集起)'라고 번역했던 까닭이다.

이것들을 종합해 보면 비로소 '네 가지 성제'라고 불리는 설법의 구조가 이해된다. 붓다는 먼저 네 개의 단언적인 명제를 내세우고 나서 그것들을 순차적으로 설명해 갔을 것이 틀림없다. 맨 처음으로 제기된 것은 "이는 고(苦)이다." 또는 "이것은 고의 성제이다."라는 명제였다. 이것은 과제의 제시이다. 인생의 현실을 어떻게 보느냐 하는 문제이다. 여기서는 생·노·병·사, 즉 사고(四苦)가 모든 사람을 무겁게 짓누르고 있다. 『법구경』의 게 128)를 가지고 말한다면 이렇게 된다.

하늘 위에 오르고, 바다 밑에 잠기고
산골짜기 깊숙한 동굴 속에 숨는대도
죽음의 검은 손이 미치지 않는
그런 곳은 이 세상에 있음 없어라.

　그것뿐이 아니다. 미워하는 사람과도 만나야 한다(怨憎會苦).
사랑하는 사람이라도 헤어질 때가 온다(愛別離苦). 또 채워지지
않는 욕심도 허다하다(求不得苦). 우리의 일상 생활이란 괴로움
으로 뒤덮여 있지 않은가! 붓다는 이런 현실에 생각이 미쳤을
때, 소스라치게 놀란 나머지 저 크나큰 포기(출가)를 감행했던
것이다. 이런 현실 위에 "이는 고(苦)이다."라는 제1 명제가 세
워지기에 이른 것이다.
　두 번째로 제시된 명제는 "이는 고의 발생이다." 또는 "이것은
고의 발생의 성제이다."라는 것이다. 이것은 이런 인생의 현실을
통찰한 다음, 그 발생의 이유가 무엇이냐고 묻는 일이다. 그것은
얼른 보기에 저항할 길 없는 운명인 듯이 생각된다. 그러나 만약
거기에서 멈춘다면 우리는 무력한 운명론자가 될 수밖에 없는
것이다. 그러면 우리는 어떻게 해야 이 궁지에서 벗어날 수 있겠
는가? 대체 그것을 극복할 방법은 있는 것일까? 있다면 그것은
무엇일까? 이것이야말로 붓다가 목숨을 걸고 추구했던 문제였
다. 그리고 그의 크나큰 깨달음이 이 수수께끼를 푸는 열쇠가 되
었다. 그리하여 이 물음은 연기의 법칙, 즉 일체의 존재는 어떤
조건(인연)에 의해 이루어졌고, 따라서 자아(自我)니 실체(實體)

니 하는 것은 존재하지 않는다는 원리에 의해 훌륭히 해결이 났던 것이다. 그러면 그러한 깨달음의 경지에서 볼 때 인생을 괴롭게 만드는 원인은 무엇이었던가? 그것이 갈애(渴愛, taṇhā), 즉 목마른 이가 물을 찾는 것에나 비겨야 할 불타는 욕망의 작용이라는 것이다.

셋째로 제시된 것은 "이는 고의 멸진이다." 또는 "이것은 고의 멸진의 성제이다."라는 명제이다. 인생이 욕망으로 말미암아 이렇게 괴로운 것이 되고 말았다면 무엇으로 이런 우리의 현실을 극복할 수 있겠는가? 그것에는 오직 한 가지 방법, 불타는 욕망을 가라앉히는 길이 있을 뿐이라는 것이 세 번째의 명제이다. 『법구경』에서

> 모름지기 이 길을 걸어간다면
> 괴로움이 마침내 스러지리라.
> 욕망의 화살을 뽑아 버리고
> 깨달아 나는 이를 설함이로다. (275)

라고 한 것이 그것이다.

인생을 고통으로 가득 차게 하는 원인이 갈애에 있는 것이라면, 그것을 철저히 뿌리 뽑는 수밖에는 도리가 없다는 것이다. 그것은 너무나 평범하여 당연한 일이 아니냐고 말할지도 모른다. 그것에는 기적도 없고 신비도 없다. 그것을 서운하게 여기는 사람도 있을 것이다. 그러나 붓다란 그런 분이며 불교란 그런 종

교인 것이다. 그것을 후세의 불교인들은 "불교에는 불가사의가 없다."고 하였다. 하지만 붓다 이전에 이 당연한 이치에 눈뜬 사람이 있었던가? 평범하다면 평범하지만, 위대한 평범이라고 아니 할 수 없다. 본래 진리란 그런 것이다. 당연하지 않은 것을 당연하다고 하는 것이 우리네 범부라면, 당연한 것을 당연한 것으로 받아들이는 것이 진리요 깨달음인 것이겠다.

네 번째로 제시된 것은 "이는 고의 멸진에 이르는 길이다." 또는 "이것은 고의 멸진에 이르는 길의 성제이다."라고 하는 명제다. 이것은 실천론이다. 제3의 명제에 의해 수립된 원칙에 입각하여 고(苦)를 없애기 위한 실천 방법을 보인 것이 제4의 성제이다. 그 내용은 이른바 성스러운 여덟 가지 정도(八正道, ariyo aṭṭhaṅgiko maggo), 즉 정견(正見)·정사(正思)·정어(正語)·정업(正業)·정명(正命)·정정진(正精進)·정념(正念)·정정(正定)이며, 이것들은 모두 전장(前章)에서 말한 바와 같이 두 극단을 떠나 중도(中道)에 입각하는 실천, 곧 관찰(정견)과 행위(정사·정어·정업)와 생활(정명)과 수행(정정진·정념·정정)에 관한 여러 항목을 열거한 것이다.

미가다야(鹿野苑)의 나무 그늘에 앉아서 붓다가 다섯 비구에게 이야기한 것은 바로 이 '네 가지 성제'에 관한 것이었다. 아마도 붓다는 그 단언적인 명제들을 먼저 제시한 다음에 차례차례 설명을 덧붙였을 것으로 여겨진다. 그러나 그들 다섯 비구가 그 내용을 단번에 이해하지는 못했으리라. 낡은 문헌(이를테면 『중부경전』 26 성구경)의 기록도 그런 사실을 명확히 보여 주고 있다.

"이리하여 두 명의 비구에게 설명할 동안은 다른 셋이 나가서 탁발하여, 세 사람의 비구가 탁발해 온 것을 가지고 여섯 명이 살아갔다. 또 세 명의 비구에게 가르치고 있을 때는 두 사람의 비구가 탁발하여, 그들이 얻어 온 것으로 여섯이서 생활했다."

이런 며칠이 지나자, 드디어 다섯 비구의 한 사람인 콘단냐(僑陳如, Koṇḍañña)가 그 사상 체계를 이해하게 되었다. 경전은 그것을

"콘단냐는 먼저 티 없는 청정한 법안(法眼)[27]을 떴다."

고 표현하고 있다. 그 순간 물론 본인도 기뻤으려니와, 아마도 그 이상으로 좋아한 이는 붓다 그 사람이었을 것이다.

"콘단냐는 깨달았다, 콘단냐는 깨달았다!"

그때의 붓다의 말씀을 경전은 이렇게 전하고 있다. 이 말 가운데는 이제껏 혼자서 가슴속에 지니고 있던 깨달음의 내용을 가

---

27) 바른 이치를 보는 눈.

까스로 남에게 이해시킬 수 있었던 붓다의 무량한 감개가 함축되어 있는 듯이 느껴진다. 그로부터 콘단냐는 '안냐타 콘단냐(A-ññatā Koṇḍañña)' 라고 불리게 되었다고 한다. 그것은 '깨달은 콘단냐' 라는 뜻이어서 "콘단냐는 깨달았다."고 외친 붓다의 말씀이 얼마나 인상적이었던가를 상상하게 해준다.

이윽고 나머지 네 명의 비구들도 마침내 붓다의 설법을 이해하게 되었다.

그때 이 세상에는 여섯 분의 성자가 계셨다.

고 경전은 말하고 있다. 또

그때 십천 세계(十千世界)[28]가 진동했으며 무한한 광명이 이 세상에 나타났다.

고도 기록하고 있다. 그것은 대사(大事)의 성취를 표현하는 고대적인 수법이거니와, 그 대사가 바로 불교의 성립을 뜻함은 두말 할 나위가 없는 일이겠다.

---

28) 소천 세계 열이 모인 것. 매우 광활한 세계라는 뜻.

# 전도(傳道)

"비구들아, 자, 전도를 떠나라. 많은 사람들의 이익과 행복을 위하여. 세상을 불쌍히 여기고, 인천(人天)의 이익과 행복과 안락을 위하여. 그리고 두 사람이 한 길을 가지 말라.

비구들아, 처음도 좋고 중간도 좋고 끝도 좋으며, 조리와 표현을 갖춘 법(진리·가르침)을 설하라. 또 원만 무결하고 청정한 범행(梵行)을 설하라. 사람들 중에는 마음에 더러움이 적은 이도 있거니와, 법을 듣지 못한다면 그들도 악에 떨어지고 말리라. 들으면 법을 깨달을 것이 아닌가.

비구들아, 나도 또한 법을 설하기 위해 우루베라의 세나니가마(將軍村)로 가리라."

『相應部經典』 4 : 5 係蹄(2). 漢譯同本, 『雜阿含經』 39 : 16 繩索)

여기에 든 일절은 이른바 붓다의 '전도 선언'이라고 불리는 대문이다. 그것은 붓다가 아직 미가다야(鹿野苑)에 머물고 있었을 무렵의 일이었다. 붓다의 소문을 듣고 찾아와서 가르침을 받은 끝에 출가하여 제자가 된 사람의 수효가 불어나서 60명에 이르게 되었다. 그래서 붓다는 그들을 전도하러 떠나 보냄으로써 이 새로운 진리를 널리 세상에 펴고자 결심했던 것이며, 그리하여 그들을 모아 놓고 타이른 말씀이 이것이었다.

이 '전도 선언'은 세 부분으로 구성되어 있다. 그 첫째 부분은 전도의 정신을 말씀한 대목이다. 거기에 처음으로 "많은 사람들의 이익과 행복을 위하여."라는 말씀이 나온다. 나는 앞에서 재래 불교도들의 상식을 뒤엎고, 붓다가 출가한 동기는 중생 구제를 위해서가 아니라, 오히려 그 자신의 인생 문제를 해결하고자 한 것이라고 말한 바 있다. 물론 붓다의 출가는 결과적으로 많은 사람들을 구제한 셈이 되었던 것이며, 그 혜택은 멀리 오늘의 우리에게까지 미치고 있음이 사실이겠다. 그러나 이것을 근거로 하여 붓다가 출가한 동기가 중생 구제에 있었다고 하는 것은 결과를 가져다가 동기로 삼는 것이어서, 붓다의 출가의 진상과는 거리가 멀다고 아니 할 수 없다. 그리고 아함부의 경전들이 이점에 대해 얼마나 신중한 표현을 취하고 있는지를 주목해야 될 것이다. 거기에서는 출가에 대해서나 수행에 대해서나, 그리고 정각(正覺)이라든지 최초의 설법에 대해서까지도 중생 제도와 결부시키는 것 같은 표현은 전혀 쓰지 않고 있다. 그러다가 이 전도 선언에 이르러서야 비로소 "많은 사람들의 이익과 행복을 위하여."라는 말이 나오고, 또 "세상을 불쌍히 여기고, 인천(人天)의 이익과 행복과 안락을 위하여."라는 말이 쓰이고 있다. 인천이란 인간계와 천상계의 사람들이라는 정도의 뜻이니, 많은 사람들이라는 말과 함께 중생(衆生) 즉 모든 생물을 가리킨다.

생각건대 붓다가 "많은 사람들의 이익과 행복을 위하여."라고 말씀하기까지의 거리는 매우 멀었다. 그러나 일단 확신을 가지고 전도를 떠나라고 말했을 때, 거기에 나타난 전도의 정신은 일체의 제한을 넘어서 모든 생물에게까지 미치는 것이었다. 붓다는 "이방인의 길로 가지 말라."고는 하지 않았다. 또 "사마리아 인의 고을에도 들어가지 말라."고도 하지 않았다. 오직 모든 세상 사람들을 불쌍히 여기고, 인천(人天)의 이익과 행복과 안락을 위해 가라고 타일렀다. 그것은 참으로 붓다다운 전도의 선언이었다고 생각된다. 그리고 이런 정신을 가장 구체적으로 나타내고 있는 것이, 이 대목의 마지막 말씀 즉 "둘이 한 길을 가지 말라."는 구절이다.

내가 이 구절에 특히 주목하게 되는 것은 예수 그리스도의 '전도 선언' 때문이다. 그는 앞에서도 인용했듯이

"이방인의 길로 가지 말고, 사마리아 인의 고을에도 들어가지 말고, 차라리 이스라엘 집의 잃어버린 양에게로 가라."

(마태복음 10 : 6)

고 말했던 것이다. 또 다른 복음에는

열두 제자를 불러 둘씩 둘씩 보내시며 (마가복음 6 : 7)

라고 나와 있다. 나는 이것을 그것에 비교하여 하나를 높다 하고 다른 것을 못하다 할 생각은 전혀 없다. 다만 이 둘을 비교함으로써 그 하나만 읽어 가지고는 좀처럼 밝혀지지 않던 뜻이 명확한 형태로 눈앞에 떠오름을 느끼게 하고자 하는 것뿐이었다.

예수는 그때 다음과 같은 말도 하고 있다.

"보라, 내가 너희를 보냄이 양을 이리 가운데 보냄과 같도다."

"사람들을 삼가라. 저희가 너희를 공회(公會)에 넘겨 주겠고, 저희의 회당에서 채찍질하리라."

그러기에 전도하러 떠나는 제자들에게 "그러므로 너희는 뱀같이 지혜롭고 비둘기같이 순결하라."고도 가르쳐야 했다. 거기에는 도저히 혼자서는 갈 수 없는 길이 있었다. "둘씩 둘씩 보내시며"라는 표현에는 그럴 만한 까닭이 포함되어 있었던 것이겠다.

그리고 이런 것과 비교해 볼 때 "둘이서 한 길을 가지 말라."는 붓다의 말씀의 뜻도 스스로 명백해진다. 여기에는 박해의 예상이란 조금도 없었음이 확실하다. 오직 많은 사람들의 이익과 행복을 위해 가는 것이니까. 또 사람들이 그들을 공회에 넘기고 회당에서 채찍질할 것도 예상되어 있지 않다. 오직 세상 사람들을 불쌍히 여기는 까닭에 이 법은 설해지는 것이니까. 그리고 이런 전도의 정신은 붓다의 전 생애를 일관하여 실현되었을 뿐 아니라, 또 수천 년에 걸친 불교의 역사를 통해 지속되어 왔다고 할 수 있다. 잘 알려져 있는 바와 같이 불교는 오랜 세월에 걸쳐 아시아 대부분의 지역에 전파되었지만, 언제 어디서나 그 전도는 평화와 환영 속에 수행되었고, 불교의 이름 밑에 피를 흘린 역사는 거의 없었다고 하여도 과언이 아니다. 이 모두가 교조 붓다의 정신을 이어받은 것으로 여겨진다.

그리고 붓다의 '전도 선언'에서 둘째 부분을 이루고 있는 것은 설법의 이상적인 양상이 제시된 대목이다. 거기에는 먼저 "처음도 좋고 중간도 좋고 끝도 좋으며"라고 설해져 있다. 이것을 후세의 불교인들은 간략히 '초중종(初中終)의 선(善)'이라고 불렀다. 또 "조리와 표현을 갖추어서 법을 설하라."고 되어 있기에, 이를 '의문 구족(義文具足)'이라고 했다. 그리고 이 밖에도 "원만 무결하고 청정한 수행"을 설하라고 말씀하고 있는데, 이것 또한 예수가 열두 제자를 떠나 보내면서 한 말에 비길 때 흥미 진진한 바가 있다.

"가면서 전파하여 말하되, 천국이 가까웠다 하고, 병든 이를 고치며, 죽은 이를 살리며, 문둥이를 깨끗하게 하며, 귀신을 쫓아 내라."

그것이 그들에게 주어진 선교의 임무였다. 또 공회에 넘겨졌

을 때는

　"어떻게 또는 무엇을 말할까 염려치 말라. 그때 무슨 말할 것
　을 주시리니, 말하는 이는 너희가 아니라, 너희 속에서 말씀하
　시는 이, 곧 너희 아버지의 성령이시니라."

고 했다. 기독교가 요구하고 있는 것은 신령에 충만하여 신령의
말을 매개하는 일임에 틀림없다. 그러나 붓다는 조리가 정연한
아리따운 변설을 요구하였다. 여기에서도 나는 어느 것이 좋고
어느 것이 나쁘다고 할 뜻은 없으나, 두 성인의 설법에 대한 요
구가 크게 대조를 이루고 있는 점에 깊은 흥미를 느끼지 않을 수
없다.

　이와 관련하여, 나는 버처(Butcher)의 저서 『그리스 정신의 여
러 양상(*Some Aspects of the Greek Genius*)』이 그리스 인의 웅변에
대해 언급한 대목을 되새기게 된다. 그들이 토론을 좋아하고 웅
변을 사랑했다는 것은 누구나 아는 사실이며, 또 그 웅변이 그들
의 합리적인 정신과 예술적인 정신에서 나온 것이라는 것도 자
주 이야기되어 왔다. 버처는 그런 사실들을 자세히 서술함과 아
울러, 다시 그 청중과 변사에 대해서도 아주 구체적인 소식을 전
해 주고 있다.

　그 청중들은 마치 음악에라도 홀린 듯이 그 아름다운 말에 도
취하였으나, 한편으로는 그 매력 때문에 속는 일이 없기 위해

신중히 경계함을 잊지 않았다. 허점을 찔러 오는 논법에서 자기를 지키고, 궤변을 간파하려고 했다. 이같이 엄격한 청중에 대하여 변사는 십분 경의를 표하지 않을 수 없었으니, 그것은 특히 연설의 끝에 가서 으레 있기 마련인 저 흥분 없는 고요한 어조에 의해 표시되었다. 그것은 근대인이라면 냉철함이라고 받아들일지도 모르는, 겉으로 보기에 점차 나직해 가는 어조였거니와, 그 흥분 없는 고요함이야말로 웅변이 청중의 이성에 대해서 표시하는 일종의 경의임에 틀림없었다. 감정이 아니라 이성을 향해, 그는 마지막 호소를 하는 것이었다.

그것은 호모 사피엔스(homo sapiens)의 본고장인 그리스 인에게 참으로 어울리는 웅변의 양식이었다고 할 수 있겠다.

그런데 붓다가 생각한 이상적인 설법의 양상도 역시 마찬가지로 호모 사피엔스의 입장을 취하는 그것이었다. 그것은 노호하고 절규하는 예언자의 그것과는 전혀 다른 방식이었다. 또 신령에 충만하여 권위 있는 듯이 말하는 종교가의 그것도 아니었다. 그리고 격렬한 말을 내뱉어서 청중의 감정을 뒤흔들어 놓는 연설 태도와도 전혀 궤를 달리하고 있었다. 그리스 인의 웅변이 흥분 없는 고요한 어조로 끝나는 것을 특징으로 한다면, 여기에서도 또한 처음과 중간과 결말을 일관하여 잘 설할 것이 요구되었고, 또 이론과 내용의 구비와 이성을 가지고 고요히 이성을 향해 호소할 것이 요청되었다. 거기에는 붓다의 사람됨과 그 사람의 성격이 단적으로 나타나 있는 듯이 생각된다.

그것은 그렇다 하고, '전도 선언'의 셋째 부분은 어떤 것인가? 그것은 붓다가 금후의 예정을 말씀한 대목이다.

"나도 또한 법을 설하기 위해 우루베라의 세나니가마로 가리라."

그곳은 붓다가 진리를 깨달은 보리수 근처의 마을이다. 우루베라로부터 바라나시까지 왔던 붓다는 이번에는 다시 우루베라를 향해 돌아가려 하고 있는 것이다. 생각건대 그곳은 붓다로서는 가장 추억이 많은 고장이었을 것이다. 그런데도 거기에는 이 새로운 가르침의 씨가 아직 한 알도 뿌려지지 않았다. 먼저 그 마을로 돌아가자. 이렇게 생각했을 붓다의 심정을 나는 이해할 수 있을 것 같다.

# 인간성

이에 세존은 그들 샤카족 사람들을 밤중까지 가르치고 인도하고 격려하고 기쁘게 해준 다음, 존자 아난다(阿難)에게 이르셨다.

"아난다여, 너는 나를 대신하여 카피라바투(Kapila-vatthu)의 샤카족 사람들을 위해, 그들이 도(道)를 구하는 마음이 있다면 다시 법을 설해 주려무나. 나는 등이 아프다. 잠깐 누워야겠다"

아난다는 "그렇게 하겠습니다." 하고 대답했다. 이리하여 세존은 옷을 넷으로 접어서 깔고, 발에 발을 포갠 다음, 정념(正念)·정지(正智)를 지니신 채 오른쪽 겨드랑이를 아래로 하고 누우셨다.　　(『中部經典』5　有學經. 漢譯同本,『雜阿含經』43：13 漏法)

이제 나는 붓다 고타마가 어떤 사람이었는지 고찰해 보고자 한다. 이 문제를 앞에 놓고 매우 당돌한 이야기일지는 모르겠으나, 나는 저 키에르케고르(Kierkegaard)가 그의 일기 속에서 한 말을 생각하게 된다.

인간과 인간의 관계와 신과 인간의 관계는 전혀 성질을 달리한다. 인간과 인간은 오래 함께 살아서 깊이 알게 되면 될수록 그 사이는 더욱더 가까워진다. 그러나 신과 인간의 관계는 그와 전혀 반대이다. 인간이 신을 사랑하면 사랑할수록, 신은 더욱더욱 무한한 것이 되고, 인간은 더더욱 작은 존재가 되어 가는 것이다. 나는 어린 시절, 신과 함께 장난하며 놀 수도 있을 듯이 생각했다. 자란 뒤, 내 열정을 바쳐 그를 사랑한다면 신과의 교섭도 실현되려니 꿈꾸었다. 그러나 다시 나이를 먹어 가면서, 나는 신이 얼마나 무한한 존재인지, 신과 인간의 거리가 얼마나 먼지를 이해하게 되었다.

그것은 나에게는 참으로 인상이 깊었다. 내가 이 대목을 읽은 것은 꽤 오래 전의 일이지만, 지금도 나는 기회 있을 때마다 그 일절을 생각하게 된다. 하지만 불교도인 우리가 보기에는 사정은 아무래도 그 반대일 것만 같다.

붓다와 우리의 관계는 인간과 인간의 관계와 전혀 다를 바가 없다. 우리가 붓다에게 다가가서 그 분을 이해하면 이해할수록 붓다는 우리에게 더욱 친근한 존재가 될 것이다. 나는 어린 시절, 붓다는 전혀 딴 세계에 살고 계셔서 이따금 구름이라도 타고 이 세상에 나타나시는 분으로 여겼다. 그러던 그 분이 어느 사이엔가 점점 나에게 가까운, 그리고 아주 친한 사이처럼 느껴져 왔으니 이상한 일이다. 그러나 그것은 당연한 일이었는지도 모른다. 왜냐하면 의심할 나위 없이 붓다 또한 우리와 똑같은 인간이었던 까닭이다.

이 일과 관련해서 지금도 생각나는 것은 이 장(章)의 첫머리에 인용한 일절을 처음으로 읽었을 때의 일이다. 그 경은 붓다가 카피라바투의 성 밖, 니그로다(Nygrodha) 나무로 에워싸인 정원에 계신 데서 시작된다. 마침 그때 샤카족 사람들은 새 회당을 지은 참이라, 그 낙성식에 꼭 붓다가 오셔서 처음으로 입장하는 이가 되어 주십사고 청하게 되었다. 그리하여 기쁘게 응낙한 붓다께서는 낙성식에 참석하시고, 밤에는 그 회당에서 늦게까지 샤카족 사람들을 위해 설법을 하셨던 것이다. 그 다음이 앞에 인용한 대목이거니와, 붓다는 피곤했던 것일까. "나는 등이 아프다. 잠깐 누워야 하겠다."고 말씀하고, 설법을 아난다에게 맡기신 다음 물러가 주무셨다는 것이다.

"나는 등이 아프다." 붓다의 이 말씀은 애처롭다. 그럼에도 불구하고 이 일절을 읽었을 때, 나는 그 어떤 기쁨 같은 것을 느꼈던 일을 지금도 잊지 못한다. 왜냐하면 붓다도 우리와 똑같은 사람이었다는 것을 그때처럼 절실하게 느낀 적은 없었기 때문이다. 하기야 붓다는 인간의 숙명이라고나 할 생로병사를 두 어깨에 걸머지고, 그것을 해결하기 위해 출가도 감행한 것이기는 하였다. 그것 역시 그가 인간 이외의 아무것도 아님을 증명해 주는 것이겠다. 그러나 '생로병사'라 할 때 그것은 어느 정도 추상화된 개념이라고 할 수 있다. 따라서 그것에 의해 느껴지는 붓다의 인간성 역시 추상성을 면하지 못한다. 그런데 지금 붓다는 "나는 등이 아프다."고 고백하고 있는 것이다. 그 말씀은 매우 애처롭지만, 그것에 의해 나는 직접 붓다의 육신에 접하고 있는 듯한 생각이 들었던 것이다.

그것은 나로서는 참으로 이상한 체험이었다. 그때까지 멀리 떨어져 있던 붓다의 모습이, 이 일절에서의 감명 이래 나에게는 훨씬 친근한 것으로 느껴지게 되었다. 그와 함께 붓다의 사상 또한 왜 그런지 아득한 저쪽에 있는 것으로는 생각하지 않게 되었다. 그리고 그 뒤로는 붓다의 현신(現身)[29]에 관한 경의 서술이 이상한 매력으로 나의 관심을 자극해 왔다. 이를테면 『상응부경전』22 : 87에 보이는 바카리(跋迦梨)에 관한 대문 같은 것이 그것이다.

그것은 붓다가 라자가하(王舍城)의 교외에 있는 베루바나 정사(竹林精舍)에 머물고 계시던 때의 일이라고 기록되어 있다.

그때 한 비구가 어느 옹기장이 집에서 앓고 있었다. '바카리'가 그의 이름이었다. 그의 병은 매우 깊어서 도저히 치유될 가망이 보이지 않았다. 그래서 그는 간호하는 사람에게 부탁했다.

---

29) 육체를 지닌 현재의 몸.

"나는 이제 죽어야 할 몸이다. 만일 붓다를 다시 한 번 뵈옵고 인사드릴 수 있다면 한이 없겠다. 그러나 이 몸으로는 정사까지 갈 수 없으니, 미안하지만 베루바나에 가서 여기까지 와 주실 수는 없겠느냐고 붓다께 여쭈어 주면 고맙겠다."

이 말을 전해 들은 붓다는 기꺼이 옹기장이네 집을 찾아갔다. 바카리는 곧 자리에서 일어나려 했다.

"바카리야, 고요히 누워 있어라. 일어날 필요는 없다."

붓다는 굳이 그를 눕게 하고 그 머리맡에 앉았다. 바카리는 힘 없는 목소리로 말했다.

"붓다여, 저는 가망이 없나이다. 병이 악화되기만 합니다. 그래서 마지막 소원이오니, 얼굴을 우러러 뵈오면서 붓다의 발에 정례(頂禮)[30]하도록 하여 주시기 바라나이다."

그때 붓다는 힘을 주어 이렇게 말씀했다고 경전은 기록하고 있다.

"그만 두어라, 바카리야. 이 썩을 몸을 보아서 무엇하겠다는 것이냐? 바카리야, 법(진리)을 보는 사람은 나를 볼 것이요, 나를 보는 사람은 법을 보리라."

그것은 참으로 엄한 말씀이라고 아니할 수 없다. 여기에서 붓

---

30) 이마를 땅에 대는 경례. 최대의 존경의 표시.

다는 자기에게 예배하겠다는 청을 물리치고, 오직 진리를 파악하려 힘쓰고, 진리만을 의지함이 옳다고 가르치고 있는 것이다. 아마도 여기에 불교의 본질이 엄존한다고 하여야 되리라. 그러면서 한편으로는 "이 썩을 몸을 보아 무엇하겠다는 것이냐?"고 한 붓다의 말이 나에게는 이상한 매력으로 다가왔던 것이다.

또 이를테면 장부경전 16이나 『대반열반경』은 노쇠한 붓다에 대해 이런 서술을 남기고 있다.

"아난다여, 나는 노쇠했다. 나이가 이미 팔순이 아니냐? 비유하자면 아난다여, 낡은 수레는 가죽 끈으로 얽어맴으로써 겨우 움직일 수 있거니와 내 몸도 또한 가죽 끈으로 얽어맨 수레 같으니라."

이 경이 말하고 있는 것은 붓다의 마지막 전도 여행과 그 고요한 죽음의 모습이다. 그러므로 한역에서는 『유행경(遊行經)』이라고 했고, 팔리 어의 동본에는 『대반열반경(Mahāparinibbāna - suttanta)』이라는 제목이 붙어 있다. '크나큰 죽음의 경' 이라는 정도의 뜻이다. 그것에 의하면 라자가하에서 마지막 여행 길을 떠난 붓다는 갠지스 강을 북으로 건너, 베사리 근방인 베루바나 마을(竹林村)에서 우안거(雨安居)[31]에 들어갔다. 그런데 거기에서 붓다는 장마와 습기 때문이었는지 무서운 병이 나서 죽음에 가

---

31) 인도에서는 장마철이 길므로, 이 동안은 외출을 금하던 것. 4월 16일부터 7월 15일까지 석 달 동안.

까운 고통을 맛보아야 했다. 그러나 붓다는 그 고통을 잘 견디어 냄으로써 가까스로 병을 극복할 수 있었다. 그리하여 오래간만에 집 밖으로 나가 그늘에 앉아서 바깥 공기를 즐기고 있던 참에, 아난다가 다가오는 것을 보고 하신 말씀이 이 일절이었다.

경전 속에는 곧잘 수레바퀴의 비유가 나온다. 설법하는 것을 "법의 수레바퀴를 돌린다(轉法輪)."고 하고, 훌륭한 정치를 하는 이상적인 제왕을 '전륜 성왕(轉輪聖王)'이라고 부르기도 한다. 그러나 여기서는 낡아빠진 수레를 들어, 붓다는 자기의 몸을 비유하고 있는 것이다. 수레가 오래 되어서 못 쓰게 되면 그것을 가죽 끈으로 얽어매어서 사용했던 모양이다. 노쇠한 붓다는 그런 수레와 똑같다고 자기의 몸에 관해 말하고 있는 것이다. 이것은 애처롭게 들리지만, 나에게는 역시 잊을 수 없는 붓다의 말씀 중의 하나이다.

나는 이상한 대목만을 열거하고 있는지도 모르겠다. 등이 아프다고 호소하는 붓다, 이 썩을 몸을 예배해서 무엇하겠느냐고 말하는 붓다, 자기의 몸을 낡은 수레에 비유하는 붓다……. 그러나 그것은 붓다의 인간성에 직접 접함으로써 친근감을 가지고 그 인격과 사상을 이해해 보려는 시도에 지나지 않는다. 그러기 위해서는 그 육신을 아는 것이 지름길이라고 생각되었던 것이다. 왜냐하면 거기에는 그 분의 인간성이 나타나지 않을 수 없는 까닭이다. 아함부의 여러 경전은 이런 붓다의 인간성을 조금의 가식도 없이 전해 주고 있는 점에서 나에게는 더할 나위 없이 소중하다.

# 2. 그 사상

# 눈 있는 이는 보라

　"위대하셔라 대덕(大德)[1]이시여, 위대하셔라 대덕이시여. 이
를테면 넘어진 것을 일으키심과 같이, 덮인 것을 나타내심과
같이, 헤매는 이에게 길을 가르치심과 같이, 또는 어둠 속에 등
불을 가지고 와서 눈 있는 이는 보라고 말씀하심과 같이, 이처럼
세존께서는 온갖 방편을 세우시어 법을 설하여 밝히셨나이다.

　저는 이제 세존에 대해 귀의하옵나이다. 또 그 법(가르침)과
승가(僧伽)[2]에 대해 귀의하옵나이다. 원컨대 오늘부터 시작하
여 목숨을 마칠 때까지, 세존께 귀의하옵는 신자로서 저를 받
아들여 주시옵기 바라나이다."

---

1) bhadanta. 지혜와 덕망이 높은 중. 본래 붓다를 일컫던 말이나, 후세에는 일반 승려의
　존칭으로 쓰였다.
2) saṃgha. 불교의 교단. 의역하면 '중(衆)'.

이런 대문이 아함부 경전의 곳곳에서 보인다. 그것은 대개 붓다의 가르침을 듣고 귀의하게 된 사람들이 이른바 우파사카(優婆塞, upāsaka)[3]로서 그 신앙을 고백하는 말이다. 그것은 언제나 거의 같은 형식이므로, 어느 시기부터인가 귀의하는 신앙 고백 형태가 유형화되었던 것 같다. 그것을 여기에 인용한 것은 그것을 통해 붓다의 사상, 더 구체적으로 말하면 그 설법의 성격을 잘 이해할 수 있다고 믿었기 때문이다.

이미 말한 바와 같이 최초의 설법만 제외하고는 45년에 걸친 붓다의 설법은 모두가 대기 설법이었다고 한다. 문제와 사람과 장소와 때에 따라 자유롭게 이야기하고 가르쳤던 까닭이다.

어떤 때는 제자들과 함께 갠지스 강의 기슭에 서서 소떼를 이끌고 물을 건너가는 목동을 가리키면서, 현실의 이쪽 언덕(此岸)으로부터 이상의 저쪽 언덕(彼岸)에 이르기 위한 방법에 대해 말씀한 적도 있다. '차안·피안'의 개념은 이렇게 하여 성립하였던 것이다.

또 하루는 물건을 훔쳐 도망친 여자를 찾고 있는 젊은이들을 만나

"도망친 여인을 찾는 것과 잃어버린 자기를 찾는 일은 어느

---

3) 재가 남자 신자.

쪽이 소중하냐?"

고 말을 건 적도 있다. 그 말을 들은 젊은이들은 그만 그 자리에 주저앉아, 붓다의 가르침을 받드는 비구가 되었다.

또 이런 일도 있었다. 어느 날 새로 입문한 제자들을 이끌고 가야시산(象頭山)에 올라간 붓다는 일망 무제하게 펼쳐진 세상의 풍경을 가리키면서,

"보라, 모든 것은 타고 있다."

고 설했다. 그들은 불을 예배하는 이른바 사화 외도(事火外道)에서 불교로 개종한 사람들이었으므로 "모든 것은 타고 있다."고 말씀했던 것이다. "그러므로 그것을 꺼야 한다."는 말이 그들에게 깊은 감동을 줄 수가 있었다. '불이 꺼진 상태' 즉 열반이 영원한 평화의 경지를 가리키는 불교 용어가 된 것은 이 때문이다.

하루는 브라만(婆羅門) 한 명이 나타나서 갖은 욕설을 퍼부은 적이 있다. 그러나 붓다는 침착하게 말했다.

"브라만이여, 그대가 내주는 음식을 손님이 안 먹는다면 그 음식은 누구의 것이 되겠는가?"

그것은 물론 주인의 것이 될 수밖에 없다. 그것과 마찬가지로 욕설 또한 자기에게로 돌아간다는 뜻이다.

임기 응변! 자유 자재! 붓다의 대기 설법이란 바로 이런 것이었다. 하지만 그런 중에서도 붓다의 이야기에는 언제나 그것들을 일관하는 뚜렷한 성격이 있었다. 입신자들의 고백문이 그것을 잘 나타내고 있는 것처럼 생각된다.

"넘어진 것을 일으키심과 같이"라는 말은 전도(顚倒)한 것을 바로잡는다는 뜻이다. '전도'란 어떤 판단을 할 때 순서가 엇바뀌고 진상을 오해하는 일이다. 작은 것을 크다고 하는 것도 그것이다. 추한 것을 아름답다고 여기는 것도 그것이다. 변화하는 것을 불변·영원한 듯이 아는 태도도 그것이다.

후세의 불교인들은 '사전도'라는 말을 썼는데 이는 상(常)·낙(樂)·정(淨)·아(我)의 전도를 말한다. 첫째 상(常)전도는 이 무상한 세상이나 사람을 영원한 듯이 생각하는 일이며, 둘째 낙(樂)전도는 이 괴로운 인생을 즐겁다고 여기는 일이다. 셋째 정(淨)전도는 이 부정한 것을 깨끗하다고 잘못 아는 일이며, 넷째 아(我)전도는 이 무아인 존재를 내 것이라고 착각하는 일이다.

이런 착각을 없애고 그릇된 생각을 바로잡는 것이 붓다의 가르침의 중요한 일면이었다. "넘어진 것을 일으키심과 같이"라는 말에는 이런 뜻이 포함되어 있는 것으로 안다.

"덮인 것을 나타내심과 같이"는 앞에서도 언급한 불교의 진리관을 표현한 말이다. 어떤 경에서 붓다는 이런 비유를 설한 적이 있다.

"여기 통 안에 물이 있다 하자. 그 물이 불에 데워져 부글부글 끓고 있다든지, 또는 이끼나 풀로 덮여 있다든지, 바람이 쳐서 물결이 일고 있다든지 한다면, 그 통 안의 물은 사물의 모습을 여실히 비출 수 있겠는가?"

물론 비출 수 없다고 대답하여야 한다. 여기서 붓다는 만약 우리의 마음이 탐욕이나 노여움으로 뒤덮여 있을 경우에는 대상을 여실히 지견(知見)할 수 없지 않느냐고 대답을 유도해 갔다.

이렇게 '여실 지견'을 방해하는 것을 불교에서는 부(覆)라고 한다. 그런 것이 제거되고 맑은 마음으로 객관을 대할 때, 일체의 존재는 그 진상을 드러낸다. 이것이 불교의 진리관이다. 그렇다면 "덮인 것을 나타내심과 같이"라는 말은 이런 여실 지견으로 이끌고 가려는 의도임을 알 수 있다.

"헤매는 이에게 길을 가르쳐 주심과 같이"라는 말은 현대식으로 표현한다면 합리주의를 주장한 것이라고나 해야 할까? 그러나 합리주의라는 말 자체가 매우 애매한 점이 있다. 논리에 맞으면 그것으로 끝난다는 것인가, 결과가 그렇게 되는 것을 가지고 합리라고 보는 것인가? 붓다가 취한 태도는 아무래도 후자에 속하는 것 같다. 최초의 설법에서도 이런 붓다의 태도는 이미 나타나 있었던 것으로 여겨진다. 그 하나는 두 가지 극단, 즉 쾌락주의와 고행주의를 비판한 말 속에 나온 "무익하다"라는 말씀이 그것이다. 또 하나는 그것들을 비판한 다음 중도(中道)를 주장하면서 "적정·증지·등각·열반에 이바지한다."고 말한 것이 그것이다. 나는 여기에서 붓다의 실용주의(Pragmatism)를 발견하는 것이다.

붓다가 고행을 포기한 이유에 대해 한 경은 이렇게 말하고 있다.

"이를테면 물 속에 잠겨 있는 젖은 나무를 보고, 좋은 찬목(鑽木)[4]을 가지고 와서 '내가 불을 일으키리라, 빛을 내게 하리라.'고 말하는 것과 같다." （『中部經典』36 薩遮迦大經）

젖은 나무라면 아무리 마찰시켜도 불이 생겨나지는 않는다. 그것과 마찬가지로 아무리 고행을 해 보았자 그것으로는 깨닫지 못한다. 이것이 고행을 포기하게 된 붓다의 합리주의적인 생각이었다고 할 수 있다. 그리고 이런 합리주의적인 정신이야말로 붓다의 생애를 일관했던 것임을 잊어서는 안 되겠다.

나는 이 장의 첫머리에 소개한 대문을 『상응부경전』 42 : 6 '서지인'이라는 제목의 경에서 인용했던 것이지만, 그 경의 내용은 다음과 같은 붓다의 교화 태도도 전해 주고 있다.

그것은 붓다가 나란다 마을의 파바리캄바라는 숲 속에 머물렀던 때의 일이다. 이웃 마을의 촌장인 안반다카푸타(刀師子)라는 사람이 찾아왔다. 아마도 그는 붓다의 명성을 듣고 있었던 모양이어서, 우선 이런 것을 물었다.

---

4) 마찰하여 불을 일으키는 나무.

"대덕이시여, 서쪽에서 온 브라만들은 물병을 높이 쳐들든지, 화환을 달든지, 물에 들어가 목욕하든지, 화신(火神)에게 공양을 드리든지 함으로써, 죽은 사람을 천상에 태어나게 할 수 있다고 말하고 있습니다만, 대덕께서도 역시 그런 일을 하실 수 있습니까?"

지금도 종교에서 신비를 찾으려는 사람들이 있거니와, 그도 그런 의식에 사로잡혀 있었던 것 같다. 붓다는 바로 대답하는 대신 이렇게 반문했다.

"그러면 촌장에게 내가 한 가지 물을 것이 있다. 생각나는 대로 대답해 보라. 어떤 사람이 깊은 호수에 바위를 던졌다 하자. 그때 여러 사람들이 몰려와서 '바위야, 떠올라라. 바위야 떠올라라.' 하며 기도했다고 하면 어찌 되겠는가. 그 바위는 기도의 힘으로 떠오르겠는가?"

이런 질문을 받는다면 누구나 아니라고 할 수밖에는 없으리라. 여기서 붓다는 다시 물었다.

"그렇다면 촌장이여, 이것을 그대는 어찌 생각하는가? 여기에 남을 죽이고, 도둑질을 하고, 거짓말을 하는 따위 온갖 나쁜 짓을 한 사람이 있다 치자. 그 사람이 죽었을 때 여러 사람이 몰려와서 '이 사람이 천상에 태어나게 해주십소서.' 하며 합장하

고 기도했다면 어떻겠는가. 그는 그 기도에 의해 천상 세계에
태어나게 되겠는가?'

이 문제에 대해서도 촌장은 아니라고 대답할 수밖에 없었다.
그리고 그렇게 대답하고 있는 동안에 어느 사이엔지 그를 가리
고 있던 낡은 의식이 벗겨져 나가고, 그의 마음에는 한 가닥의
광명이 비쳐 왔던 모양이다. 그래서 그는 이 장의 첫머리에 인용
한 말을 하면서 재가 신자가 될 것을 맹세했다는 것으로 이 경은
끝나고 있다.

"어둠 속에 등불을 가지고 와서 눈 있는 이는 보라고 말씀하심
과 같이"라는 말은 이런 사실을 가리킨다. 그러나 이 문제에 대
해서는 더 말해 두어야 할 것이 남아 있다. 그것을 다음 장에서
서술해 보고자 한다.

# 현실적으로 증험(證驗)되는 것

"법은 세존에 의해 잘 설해졌나이다. 즉 이 법은 현실적으로 증험되는 성질의 것이며, 때를 격하지 않고 과보(果報)가 있는 성질의 것이며, 와서 보라고 말할 수 있는 성질의 것이며, 열반에 잘 인도하는 성질의 것이며, 또 지혜 있는 이가 저마다 스스로 알 수 있는 성질의 것입니다."

(『相應部經典』55 : 1 王. 漢譯同本, 『雜阿含經』30 : 7 王)

이것은 붓다의 가르침에 대해 제자나 신자들이 그 귀의(歸依)⁵⁾를 고백하는 말이다. 이 또한 여러 아함부 경전에 나오는 점으로 볼 때 이미 유형화되었던 문구인 것 같다. 그리고 그것은

---

5) saraṇa. 돌아가 의지함. 붓다 · 법 · 승가에 자기를 맡기는 것.

붓다 재세시부터 지금까지 연면히 이어 오는 '삼귀의'의 원형이라고 볼 수도 있다. 물론 삼귀의라고 하면, 이 앞과 뒤에 붓다와 교단(僧)에 대한 신앙 고백이 있어야 한다. 이 삼귀의, 즉 불(佛)·법(法)·승(僧)에 대한 귀의는 불교에서 볼 때 가장 중요한 일임에 틀림없다. 왜냐하면 그것 없이는 불교가 성립하지 못하는 까닭이다. 여기에 인용한 것은 이런 삼귀의 중의 '법'에 대한 부분이거니와, 여기에는 붓다의 가르침이 지니는 기본적인 성격이 아주 단적으로 표현되어 있다고 여겨진다. 그러므로 이것을 실마리로 하여 우리는 붓다가 설하신 사상의 성격을 구명할 수 있을 것이다.

그러나 솔직히 말해 나는 여기서 좀 머뭇거리게 된다. 그것은 여기에 나타나 있는 붓다의 가르침의 성격이 세상의 그 많은 종교의 상식과는 꽤 거리가 먼 것이기 때문이다.

이를테면 종교란 내세(來世)에 관한 것을 제시해 주어야 한다고 여기는 것이 종교에 대한 일반적인 상식이다. 특히 후세의 불교 중에는 얼른 보기에 사후의 일이나 내세의 운명 같은 것에만 관심을 쏟는 듯한 종파도 있었다. 그러나 이제 여기서는 붓다가 설한 법이 "현실적으로 증험되는 성질의 것"이며, "때를 격하지 않고 과보가 있는 성질의 것"이라고 지적되고 있다. 그렇다면 우리는 먼저 세상 일반의 종교적인 상식을 떠나 새로이 붓다의 가르침에 대해 검토할 필요가 있겠다.

앞서 명심해 두어야 할 일은 붓다의 제자들은 무엇보다도 붓다의 가르침에 대해 확고한 신념을 가진 다음에 귀의하게 된 사람들이라는 점이다. 붓다의 설법을 듣고 그 가르침을 이해하여 그것이 진리임을 확신하게 되었을 때, 비로소 출가하여 사문이 되거나, 신자가 되었던 것이다.

이런 귀의의 심정은 이를테면 예수가 "나를 따르라."고 하자 곧 예수를 따라 나섰던 열 두 제자들의 그것과는 전혀 성격이 달랐다고 해야겠다. 또 후세의 정토종(淨土宗)[6] 신자들처럼 그 도리는 이해하지 못하는 대로 불지(佛智)와 본원(本願)[7]의 불가사의함을 믿으려 들었던 태도와도 다르다고 아니 할 수 없다. 붓다의 제자들이 붓다를 따르게 된 동기는 결코 단순히 붓다의 인격적인 권위 앞에 머리를 숙였기 때문은 아니었다. 하물며 보지 않고 믿는다든지, 불합리한 까닭에 믿는다든지 할 수는 없는 것이었다. 경전이 되풀이하여 말하고 있는 것에 의하면 그들은 "이미 법을 보고, 법을 얻고, 법을 알고, 법을 깨닫고, 의혹을 풀어서" 이것 아니고는 내가 갈 길이 없다는 확신에 이르러 비로소 붓다를 따른 것이다. 즉 그들의 귀의는 붓다의 가르침에 대한 이해 · 납득 · 확신에 입각한 귀의였다.

그러면 그 가르침은 어떤 성격을 띠고 있었던가? 이 장의 첫머리에 인용한 글은 그것에 대해 다음과 같은 조건들을 열거하였다.

1) 현실적으로 증험되는 것.
2) 때를 격하지 않고 과보(果報)가 있는 것.

---

6) 아미타불의 서방 정토에 태어나기를 원하는 종파. 혜원(慧遠)이 그 창시자.
7) 붓다가 보살 적에 중생 구제를 위해 세운 서원.

3) 와서 보라고 말할 수 있는 것.

4) 열반에 잘 인도할 수 있는 것.

5) 지혜 있는 사람이면 각기 스스로 알 수 있는 것.


　첫번째의 "현실적으로 증험되는 것"이란 말은 흔히 '현견(現見)'이라고도 번역되듯이, '현실적으로 볼 수 있는 것'이라는 뜻을 포함하고 있다. 단적으로 말한다면 붓다의 가르침은 철두 철미하게 이 현실에 입각하고 있다는 뜻이다. 붓다가 "이는 고이다."라고 말할 때, 그것은 어디까지나 우리의 현실임에 틀림없다. 보이지 않는 신을 믿어라, 또는 천국이 가까웠다고 하는 따위의 말과는 다르다. 또 "이는 고의 멸진이다."라고 말하고, "이는 고의 멸진에 이르는 길이다."라고 할 때, 그것들은 모두 현실의 문제이니까 눈을 떠서 그 진상을 직시한다면 누구라도 그 말이 사실이라는 것을 현실적으로 볼 수 있고, 현실적으로 증험할 수 있는 것이겠다. 만약 붓다가 어떤 환상 속에서 말했던 것이라면, 우리는 그것을 현실에서 보고 증험할 수는 없을 것이다. 또는 그 설하는 내용이 사후의 문제와 관련이 되고 미래의 일에 미치는 것이었다면 우리는 오직 "보지 않고 믿을" 수밖에 없을 것이고, 혹은 "불합리하므로 믿는다."고 고백하여야 할지도 모른다. 그러나 이제 붓다를 따르는 사람들은 현실적으로 보고 증험함으로써 그 가르침에 대해 확고한 믿음을 가질 수 있었다고 말하고 있는 것이다. 우리는 여기에서 붓다의 가르침이 지니는 현실적인 성격을 볼 수 있다.

또 두 번째의 "때를 격하지 않고 과보가 있는 것"이라는 표현은 흔히 '즉시적(卽時的)' 혹은 '현생적(現生的)'이라고 번역되는 말이다. 그것은 과보 즉 성과가 나타나는 시기에 관한 문제이다. 만약 붓다가 설한 것이 하느님 나라의 도래에 관한 것이었다면, 그 성과는 그것이 도래할 때까지 기다리는 수밖에는 없을 것이다. 또 그것이 내세 왕생(往生)[8]에 대한 가르침이었다면, 그 과보는 유명을 달리하는 날까지 기다려야 할 것이다. 그러나 붓다의 가르침은 때를 격하지 않고 바로 현재에 과보를 기대할 수 있다는 것이다. 그것을 더 구체적으로 말한다면 어떻게 될까? 다행히 이에 관해서 언급한 경이 있다. 『상응부경전』에 '우파바나'라는 것이 있는데, 거기에서 우파바나라는 제자가 그것에 대해 물었던 것이다.

"대덕이시여, 현생적인 법, 현생적인 법 합니다만, 대체 어떤 것이 현생적인 법이겠습니까?"

이에 대해 붓다는 인간의 감각 기관과 그 대상 그리고 그 사이에서 생기는 집착을 보기로 들어 다음과 같이 대답했다.

"우파바나여, 여기에 한 사람의 비구가 있어서 눈을 들어 무엇을 보았다 하자. 또 그는 그것을 인식하고, 그것에 대해 염심

8) 천상 세계에 가서 태어남.

(染心)[9]을 일으켰다고 치자. 그때 그는 스스로 반성함으로써 '아, 내 속에 염심이 있구나.' 하고 이해할 수 있을 것이다. 우파바나여, 그것이 현생적인 법이니라.

우파바나여, 그런데 여기에 또 한 사람의 비구가 있어서 눈을 들어 무엇을 보았다 하자. 그러나 그는 그것을 인식하면서도 그것에 대해 염심을 일으키지 않았다고 치자. 그때 그는 자기 마음을 돌아보고 '아 나에게는 염심이 없구나.' 하고 이해할 수 있을 것이다. 우파바나여, 이것이 현생적인 법이니라."

붓다와 그 제자들의 관심사는 결국 물질적인 것이 아니라 정신의 문제였다고 할 수 있다. 자연을 변화시키자는 것이 아니라 인간을 전환시키고자 한 것이라고 볼 수 있다. 그러기에 정신을 차려서 돌아보기만 한다면 자기의 상태를 똑똑히 파악할 수가 있는 것이다. 집착을 안고 있는 내 마음의 움직임과 집착을 떠난 내 마음의 편안함이 그대로 이해되기 마련이다. 미망으로 뒤덮여 있는 마음의 어둠이 붓다의 가르침을 이해함에 따라 홀연히 개어 가는 모습도 알 수가 있다. 이런 모양을 "어둠 속에 불을 가져와"라고 설했던 것이겠다. 이것이 붓다의 가르침을 '현생적'·'즉시적'이라고 하고, "때를 격하지 않고"라고 한 까닭이었을 것으로 짐작된다.

그리고 세 번째는 "와서 보라고 할 수 있는 것"이다. 이것을 직

---

9) 악에 물들어서 더러워진 마음.

역하여 '내견적(來見的)'이라고도 하거니와, 그 뜻하는 바는 '누구에게나 열려 있는 것', 더 현대적으로 말한다면 '열려 있는 진리'라는 정도의 뜻이다. '열려 있는 진리'에 대립하는 것은 '닫혀 있는 진리'이다. 세상에는 이미 그것을 믿고 있는 사람이 아니고는 도저히 납득이 가지 않는 가르침을 주장하는 종교도 많다. 구약 성서에 나오는 아담의 신화를 믿는 이가 아니면 원죄 사상은 이해되지 않을 것이며, 무량수경에 보이는 법장 비구(法藏比丘)[10]의 서원을 믿지 않는다면 염불 왕생은 도저히 납득할 수 없을 것임에 틀림없다. 그러나 붓다의 가르침은 어디까지나 '열려 있는 진리'이므로 합리적으로 이해되어야만 하는 것이다.

생각건대 붓다의 가르침은 누구에게나 이해될 수 있는 성질의 것이었다. 또 누구라도 실천함으로써 그 효과를 거둘 수 있는 내용이었다. 결코 계시에 의지하지 않고는 알 수가 없다든지, 신앙의 힘에 매달리지 않으면 얻어질 수 없다든지, 또는 이방인에게는 베풀 수 없다든지 하는 그런 제한은 없었다. 허심하게 그리고 냉정하게 귀를 기울인다면 누구에게나 이해되는 내용이었으며, 편견을 떠나 눈을 들어 본다면 있는 그대로 인식되는 가르침이었다. 그러기에 "와서 보라."고 이를 수 있는 것이며, 만인 앞에 '열려 있는 진리'라고 할 수 있는 것이다.

그 네 번째에는 "열반에 잘 인도하는 것"이라고 되어 있다. 원문에 더욱 충실하게 번역한다면 다만 '잘 인도하는 것'이 되지

---

10) 아미타불이 보살행을 닦을 때의 이름. 그는 이때 48대원을 세워 수도한 결과, 서방 극락 정토를 건설하여 그 부처가 되었다고 함.

만, 어디에 인도하는 것이냐 할 때 열반이라고 할 수밖에 없는 것이다.

열반은 불교에서 가장 중요한 개념이라고 할 수 있다. 왜냐하면 그것이야말로 붓다가 설정한 궁극의 목표요, 인간의 이상인 까닭이다. 인간은 대체 무엇이기를 원하고 있을까? 또는 무엇이 되고 싶다고 생각하는 것일까? 이에 대해서는 저마다 생각이 있을 터이므로 그 생각하는 내용도 다기 다양할 수밖에 없다. 어떤 사람은 현세에서의 번영을 이상으로 그리며 산다. 어떤 사람은 내세에 위안을 찾으려고 들기도 한다. 상천(上天)이니 왕생이니 하는 것이 그것이다. 그러나 이제 붓다가 가리키는 목표는 '열반'이라고 표현된다. 그것은 닙바나(nibbāna, Pāli) 또는 니르바나(nirvāṇa, Skt.)의 음사인바, 마음속에서 타고 있는 격정의 불꽃이 꺼진 상태를 뜻한다. 이 말로 붓다는 마음속에 어지러움이 없는 자유롭고 평화로운 경지를 가리킴으로써, 그것을 인간의 이상으로 제시하고 있는 것이다. 그리고 "잘 인도하는 것"이라는 구절은 붓다의 가르침이 사람들을 인도하여 이런 이상을 실현시킨다는 사실을 말하고 있는 것으로 해석된다.

생각건대 만일 붓다가 지향하는 궁극의 목표라는 것이, 다른 종교가들이 흔히 그러하듯 내세의 복지에 관한 것이었다고 하면, 그것은 도저히 "현실적으로 증험되는 것"이라거나 "때를 격하지 않고 과보가 있는 것"이라거나 또는 "와서 보라고 할 수 있는 것"이라고는 말할 수가 없었을 터이다. 불교의 긴 흐름을 돌이켜 볼 때, 그런 내세설이 주장된 일도 있었다고 해야겠지만,

붓다의 사상에는 그런 요소가 전혀 없었다는 것을 나는 목소리를 높여 확언하고 싶다.

그리고 다섯 번째로 지적된 것은 "지혜 있는 사람이면 저마다 스스로 알 수 있는 것"이라는 점이다. 그것은 두말 할 나위 없이 자각에 관한 문제라고 할 수 있다. 붓다와 우파바나의 문답에서도 나타나듯이 스스로 내심의 동향을 살펴본다면, 내 마음에 번뇌가 있다, 또는 내 마음에 번뇌가 없다고 자각할 수 있는 문제이다. 또 내재하는 방해물이 나타나서 마음을 교란시킨다면, 고요히 반성함으로써 그 상황을 올바르게 파악할 수 있을 것임에 틀림없다. 또 붓다가 가르친 방법에 따라 그 방해물을 없앤다면 마음의 평화와 자유를 누구나 자각할 수 있을 것이 아닌가. 적어도 붓다의 제자들은 그런 일을 할 수 있던 사람들이었다. "지혜 있는 이가 저마다 스스로 알 수 있는 것"이라는 말은 붓다의 가르침이 이런 것이었음을 나타낸다. 만약 모든 종교의 내용을 분류하여 자각의 길과 구제의 길로 나눈다면, 말할 것도 없이 붓다의 가르침은 자각의 길에 속하며 그 가장 전형적인 것이라고 할 수 있겠다.

# 내재하는 방해물

"대덕이시여, 흔히들 '악마, 악마' 합니다만, 악마란 무엇입니까?"

"라다여, 만약 색(色)이 있다면 그것이 악마요 방해물이요 교란하는 것이다. 그러므로 라다여 색을 악마라 관(觀)하고[11], 방해물이라 관하고, 교란하는 것이라 관하고, 병이라 관하고, 가시라 관하고, 고통이라고 관하라. 그렇게 관하는 것이 바른 관찰이니라.

라다여, 만약 수(受)가 있다면 그것이 악마요 방해자요 교란하는 것이다. 그러므로 라다여 수를 악마라 관하고, 방해자라 관하고 교란하는 것이라 관하고, 병이라 관하고, 가시라 관하

---

11) 깊이 있게 보는 것.

고, 고통이라 관하라. 그렇게 관하는 것이 바른 관찰이니라."

(『相應部經典』23 : 1 魔. 漢譯同本, 『雜阿含經』6 : 10 魔)

　전장(前章)에서도 비슷한 문답 형식의 일절을 인용했다. 우파
바나라는 제자가 '현생적인 법'에 대해 물었고, 붓다는 여러 보
기를 들어 가며 친절하게 설명해 주었다. 여기서도 라다(羅陀)
라는 제자가 비슷한 형식의 질문을 제기했던 것이다.

　이 제자는 매우 솔직한 젊은이였던 것 같아서, 지극히 기본적
인 사실에 대해서도 자기가 납득할 수 없는 경우는 부끄러움도
모르고 어김없이 물은 듯 보인다. 이를테면 흔히들 '무상, 무상'
하지만 무상이란 대체 무엇이냐고 묻기도 했다. 또 흔히 '고(苦
'를 말하지만 고란 무엇이냐라든지, '무아, 무아'라고 하는 그
무아는 대체 무엇이냐고 묻는 식이었다. 그런 문답이 『상응부경
전』 속에서는 한 곳에 모아져 '라다 상응(相應)'이라는 일련의
경군(經群)을 이루고 있거니와, 그것은 우리에게 더 없이 소중
한 자료라고 할 수 있다.

　왜냐하면 거기에서 이 솔직한 젊은이는 불교의 기본적인 개념
에 대해 샅샅이 묻고 있을 뿐 아니라, 붓다는 붓다대로 매우 명
쾌한 답변을 하고 있으므로, 오늘 우리가 붓다는 대체 어떤 뜻으
로 무상이니, 고니, 무아니 하는 말을 썼는가를 알아보려고 할
때, 이 '라다 상응'의 여러 경이야말로 가장 명쾌한 대답을 제공
해 주는 까닭이다. 나 역시 무엇인가 불교의 기본적인 개념에 대
해 의문이 생겼을 경우에는 언제나 이 경전을 들추어보고 있다.

그런데 앞에 인용한 부분은 그런 라다와 붓다의 문답 가운데 하나이다. 여기서 라다가 물은 것은 악마란 대체 무엇이냐는 문제이다. 그런 질문 자체가 이미 악마를 객체적인 존재로 보고 있지 않다는 뜻이 될지도 모르겠으나, 아니나 다를까 붓다는 이른바 색(色) · 수(受) · 상(想) · 행(行) · 식(識)의 작용이야말로 악마의 정체라고 대답하고 있는 것이다.

잘 알려져 있는 바와 같이 붓다는 인간을 관찰하고 인간을 논할 때면, 먼저 인간을 다섯 부분으로 분석하였다. 오온(五蘊)이라고 하는 것이 그것이다. 오온은 매우 어려운 말이거니와 결국은 다섯 부분이라는 뜻이다. 그리고 그 다섯 부분이 바로 앞에 열거한 색 · 수 · 상 · 행 · 식이다. 이제 그 다섯 부분에 대해서 대강 설명을 한다면 색이라는 것은 인간의 육체, 즉 물리적인 요소를 가리키고, 수 이하의 네 가지는 그 정신적인 요소를 가리킨다. 즉 수는 감각이요, 상은 표상(表象)이요, 행은 의지요, 식은 판단 이성의 작용이다. 결국 붓다는 이 다섯 개의 개념이 인간의 육체적 · 정신적 정체를 나타내는 것이라 보고, 이제 라다의 질문에 대답하면서 악마란 그런 요소들이 작용해서 생기는 내재적인 방해물이요, 내재적인 교란자요, 내재적인 불안이요, 내재적인 가시라고 말한 것이다.

이런 이야기를 장황하게 늘어놓는 데에는 그만한 이유가 없지 않다. 많은 고대 문헌에 자주 악마가 나오지만, 그런 경우 대개 악마를 비인간적인 존재로서 묘사하고 있는 것 같다. 불교 문헌에서조차 후대의 것은 역시 그런 태도를 취하였다. 그러나 붓다와 그 제자들에게는 악마란 필경 단순한 비유에 불과하였다. 결국 악마라는 낡은 개념을 빌려 인간의 내적 방해물이나 불안을 가리키고 있는 것이다. 이것은 마땅히 주의해 두어야 할 일로 생각된다.

또 다른 보기를 들어 보자면 『상응부경전』 22 : 63 '취(取)'라는 제목의 경에 다음과 같은 말이 나와 있다.

"색(色)에 집착할 때는 악마에게 붙잡힌다. 집착하지 않는다면 악마로부터 풀려난다."

그리고 여기서도 또한 수·상·행·식의 넷에 대해서 같은 표현을 하고 있거니와, 그 말투로 보아 인간 밖에 독자적으로 존재하는 악마가 아니라, 인간 안에 도사리고 있는 나쁜 생각을 가리킨다는 것은 명백하다고 할 수 있다.

이것을 깨닫게 된 다음부터 나는 이제껏 별로 주의하지 않았던 아함부의 여러 경에 산재해 있는 악마 이야기를 특별한 관심을 가지고 읽어 갔다. 읽어 감에 따라 그것들이 실로 중대한 뜻을 지닌 문헌임을 알게 되어, 지금까지 모르고 지냈던 일을 뉘우치기조차 하였다. 왜냐하면 그런 이야기 속에는 붓다와 그 제자들의 진면목을 엿볼 수 있는 몇 가지의 중요한 실마리가 깃들어 있다는 것을 알게 되었기 때문이다. 이를테면 『상응부경전』 4 '악마 상응(相應)'이라 불리는 것은 악마 이야기를 다룬 스물 다섯 가지의 경을 수록하고 있거니와, 그 첫째 경인 '고업(苦業)'

이라는 부분에는 이런 내용이 실려 있다.

그것은 붓다가 정각을 성취한 지 얼마 되지 않았던 시절, 아직도 네란자라 강 기슭의 어떤 보리수 밑에서 명상에 잠겨 있던 때의 일이다. 그때 붓다는 마음속으로 먼저 자기가 고행을 포기했던 일을 생각하고 있었다. 그 순간 마라(악마)는 붓다의 심중을 눈치채고 게(偈)를 가지고 도전해 왔다.

고행을 떠나지 않아야만이
사람의 마음은 청정해짐을
그대는 이것을 버린 주제에
청정한 양 자처함 우습구나야.

붓다는 그것이 마라의 소리라는 것을 알아차리고, 그도 또한 게를 가지고 대답했다.

불사(不死) 위해 고행을 닦은 나머지
전혀 이익 없음을 깨달았노라.
육지에 놓인 삿대와 같아
오직 무익한 줄을 마땅히 알라.

그러자 악마는 "세존은 나를 알고 있다. 내 정체를 간파하고 있다."고 외치면서 허둥지둥 그림자를 감추었다고 한다.

대체 경전 편집자들은 이런 데에 왜 이런 이야기를 적어 넣었던 것일까? 생각건대 앞에서도 강조했듯이 고행의 포기는 붓다로서도 매우 곤란하고 중대한 행위였음에 틀림없다. 정각 직후에 그가 아직도 그것에 대해 얼마쯤 불안을 느끼는 순간이 있었다고 해서 조금도 이상할 것은 없는 줄로 안다. 그런 내심의 불안이 악마 이야기의 형식으로 여기에 표현되었다고 추측하는 것은 아무 무리도 없는 일이겠다.

더 명백하게 이 사실을 입증할 수 있는 것은 같은 '악마 상응'의 스물 네 번째 경(經)인 '칠년'에 나오는 이야기이다. 그것 또한 정각한 지 얼마 되지 않았을 때의 일이다. 여전히 보리수 밑에서 명상하고 있던 붓다에게 갑자기 악마가 속삭이는 소리가 들려 왔다.

불사·안온(安穩)에 이르는 길을
네가 진정 깨달았다면
그 길을 너 홀로 감이 좋도다.
어이 남에게까지 설하려는가.

그것은 틀림없이 정각 직후, 붓다가 설법 여부를 문제삼고 있던 때의 일이었을 것이다. 이미 말한 바와 같이 그 문제에 대해 붓다의 마음은 한때 부정 쪽으로 기울었다. 왜냐하면 붓다는 그것에 대해 여러 가지 위구와 불안을 느낀 까닭이다. 이런 부정적인 일면을 문학적으로 나타낸 것이 이 악마 이야기인 것이며, 그런 주저를 극복하고 마침내 설법을 결심하게 된 과정을 묘사한 것은 앞에 든 '범천 권청'의 이야기인 것이다. 즉 붓다의 심리적인 움직임이 두 측면에서 묘사됨으로써 하나는 악마 이야기가 되고, 하나는 범천 이야기가 되고 있으니, 그것들은 매우 흥미 있는 고대 문학의 표현 형식이라고 할 수 있을 것 같다.

그런 악마 이야기는 붓다가 최초의 설법에 성공하고 마침내 60명에 이르는 제자들을 전도 여행에 떠나 보낼 때 다시 나타나게 된다. 그들을 보냄에 즈음하여 붓다는 "비구들아, 자, 전도를 떠나라, 많은 사람들의 이익과 행복을 위하여."라고 격려한 끝에 여러 가지 주의를 주었다. 우리는 그것을 붓다의 '전도 선언'이라고 부른다. 그것에 대해서는 앞에서 상세히 언급한 바 있거니와, 그 '전도 선언'이 있은 직후, 마라(악마)의 소리는 다시 붓다에게 속삭였다. 『상응부경전』 4 : 5 '계제(係蹄)'에 나오는 이야기이다.

우스워라, 그대는 이 세상에서
악한 이의 올가미에 걸리고 말았도다.
그대는 악마의 사슬에 매였나니
사문이여, 그대는 자유를 잃었도다.

이에 붓다도 게를 설하여 대답했다.

나는 진정 이 세상에서
악한 이의 올가미를 벗어났도다.

나는 악마의 사슬을 풀어 버렸거니

파괴자여, 그대는 패하였도다.


생각건대 이제 설법을 결심했다는 것은 다시 또 자기 생애에 중대한 의무를 부과했다는 것이 된다. 모든 구속에서 가까스로 해탈한 지금, 그것은 또 하나의 속박이 되지 않으랴. 이런 새로운 불안이 붓다의 머리를 스치고 지나갔다고 해서 조금도 이상할 것은 없으리라. 이 악마 이야기는 이런 불안의 상징적인 표현으로 해석되어야 할 것이다.

여기에서 꼭 짚고 넘어가야 할 것은 대승 불교가 전하는 악마 이야기(붓다와 관계되는)와 이 아함부에 나타난 악마 이야기는 그 시기 설정이 매우 다르게 되어 있다는 사실이다. 대승에서는 그것을 모두 붓다의 성도(成道) 이전의 일이라고 기록했으며, 정각 이후의 붓다는 완전히 악마의 시련으로부터 벗어난 것으로 여기고 있다. 즉 붓다의 인간성이 아함부의 여러 경전과는 전혀 다른 각도에서 파악되고 있는 것이다. 말하자면 붓다가 이미 인간보다 훨씬 높은 절대자로서 인식되어, 그 인간성은 아주 희박해진 느낌이 없지 않다. 그러기에 정각 이후의 붓다와 악마를 관련시킨다는 것은 도저히 생각할 수도 없었을 것임에 틀림없다.

그러나 아함부에 보이는 악마 이야기는 주로 정각 이후의 붓다에 관련되어 있다. 앞에 든 세 개의 설화가 다 그렇거니와, 그밖의 것들도 예외가 거의 없다. 하기야 정각 이전의 붓다에게야말로 더 많은 심중의 불안과 고민이 있었을 터이고, 따라서 악마 이야기의 형식으로 표현해야 될 많은 소재가 있었을 것으로 여겨진다. 그러나 아함부의 여러 경전들은 주로 정각 이후의 언행과 사상에 초점을 두고 있었던 것이다. 그리고 아함부의 이런 이야기는 바로 붓다 그 분의 풍부한 인간성의 표현이 되므로, 우리에게는 매우 귀중한 자료라고 아니할 수 없는 바이다.

이런 악마 이야기를 통해서 보면 붓다도 때로는 식욕의 유혹을 받기도 했고, 어떤 때는 수면의 유혹과도 싸워야 했던 모양이다. 다쳐서 누워 계셨을 당시에는— 붓다의 만년에 데바다타(提婆達多)가 반역했을 때 — 무엇인가 불안을 느낀 적도 있었던 것같다. 또는 여러 사람들을 상대로 법을 설하다가, 갑자기 이래서 될까 하는 불안을 느낀 적도 여러 번 있었던 모양이다. '악마 상응'의 14 '적절'이라는 이름으로 불리는 경에는 이런 이야기가 있다.


이렇게 나는 들었다. 어느 시절 세존께서는 코살라 국 에카사라(一葦)라는 바라문 마을에 계셨다. 거기서도 역시 세존께서는 많은 재가 신도들을 상대로 법을 설하셨다. 그때 악한 이 마라는 이렇게 생각했다.

"지금 사문 고타마는 대중에게 에워싸여 설법을 하고 있는 중이다. 어디 내가 가서 여러 사람을 속여 줄까?"

그래서 악한 이 마라는 세존 앞에 나타나 게를 가지고 말을 걸었다.

다른 사람들에게 법을 설함은
현명한 그대의 할 일 아니니
그대여, 그 짓을 굳이 하여서
탐심과 노여움에 매이지 말라.

세존은 그것에 대답하셨다.

남의 이익과 동정을 위해
깨달은 사람은 가르치나니
탐심과 노여움을 여래는 진정
이미 모두모두 해탈했노라.

그때 악한 이 마라는 "세존은 나를 알고 있다. 나를 간파하고
있다."고 하면서 괴로워하고 의기 소침해서 자취를 감추었다.

나는 이 경전이 전하는 붓다의 설법자로서의 태도를 매우 좋
다고 생각한다. 이것 역시 악마 이야기의 형식으로 표현되었으
니까, 우리는 그 표현을 넘어서 붓다의 심중을 살필 필요가 있으
려니와, 여기에서 발견되는 붓다의 설법 태도는 다른 종교인들
의 그것과는 썩 다른 면이 있는 듯하다. 그것은 거칠게 부르짖는
예언자의 태도가 아니다. 지나친 자신감으로 무반성하게 엮어
세우는 설교 태도 또한 아니다. 자기는 과연 이 사람들에게 설법
할 자격이 있겠는가, 그것에 정말 어울리겠는가, 또는 탐심이나

노여움에 사로잡히는 일은 없겠는가, 이런 인간다운 불안이나 반성이 마음에 오고 간다는 것은 도리어 남을 가르치는 사람이라면 반드시 갖추어야 할 조건임에 틀림없다. 그리고 붓다야말로 그런 설법자였음을 이 이야기가 말해 주고 있는 것이다.

# 연기(緣起)

이것 있음에 말미암아(緣) 저것이 있고

이것 생김에 말미암아 저것이 생긴다.

이것 없음에 말미암아 저것이 없고

이것 멸함에 말미암아 저것이 멸한다.

(『相應部經典』12 : 21 : 19)

이제까지 나는 10장에 걸쳐 붓다라고 불리는 사람을 여러 측면에서 관찰하고, 또 사상의 성격에 대해서도 몇 개의 특징을 든 바 있거니와, 한마디로 말하여 붓다는 여느 종교가의 유형과는 썩 다른 인물이라고 아니 할 수 없다. 어찌 보면 종교가라는 개념보다는 오히려 사상가 또는 철학자의 범주에 속했던 것으로 여겨지기까지 한다. 그 인품을 말한대도 그렇지만 사상은 더욱 그렇다고 할 수밖에 없다. 그것은 하늘로부터 받은 계시 따위와는 전혀 달라서 정연한 체계로 이루어져 있다. 그러기에 그 가르침을 파고들면 들수록 우리는 그것이 지혜의 가르침인 점에 깊은 인상을 받지 않을 수 없는 것이다.

그 사상 체계의 뼈대를 이루는 것이 이른바 '연기의 원리'이다. 그것은 이미 말했듯이 보리수 밑에서의 정각의 내용일시 분명하다. 정각이니 깨달음이니 하는 것은 바로 이 연기의 원리를 파악했음을 가리키는 것이다. 그리고 그 후의 모든 사상적 전개는 최초의 설법의 내용이 된 '사제'의 가르침을 비롯해서 모두 이 원리로부터 나오지 않은 것이 없을 터이다. 따라서 붓다의 사상을 파악하고자 할 때, 먼저 이 연기 사상을 명확히 이해할 것이 요청되기 마련이다. 이것이 붓다의 사상을 파고드는 정공법인 것이다. 그러나 이 원리를 파악하기란 그리 수월치가 않다. 이미 언급했거니와 붓다가 이 법을 설할 것인가 어쩔 것인가 하고 주저했던 이유도 바로 이 점에 있었던 것이다. 『상응부경전』 6 : 1 '권청'은 그것에 대해 이런 말을 기록해 놓고 있다.

"내가 체득한 이 법은 심히 깊고, 보기 어렵고, 깨닫기 어렵다. 적연 미묘하여 사람들의 생각을 초월하며, 심원하여 오직 지혜로운 이만이 이해할 수 있다.

그런데 세상 사람들은 욕망을 즐기고, 욕망에 빠지고, 욕망을 좋아하고 있다. 이런 사람들은 연기 즉 모든 존재는 원인이 있음으로 말미암아 생겼다는 이치를 이해하기 어려울 것이다."

이것을 잘 살펴보건대 연기설을 이해하기 어려운 이유로 두 가지 점이 지적되고 있다. 그 첫째 이유는 심히 깊다든지, 적연 미묘하다든지, 또는 오직 지혜로운 이만이 능히 알 수 있다든지 한 것이 그것이다. 그리고 그 둘째 이유는 세상 사람들은 욕망을 즐기고 욕망에 빠지고 욕망을 좋아하기 때문이라고 되어 있다. 이제 이 두 가지 이유를 검토할 때 다음과 같은 사실을 알 수 있게 된다.

먼저 첫째 이유로 말한 사상이 심히 깊다 함은 어떤 사실을 가리키는 것일까? 후대의 불교 문헌에서도 우리는 흔히 '심심(深甚)'이니 '미묘'니 '난견(難見)'이니 하는 어휘에 부닥치게 되거니와, 불교 사상이 미묘해서 파악하기 어렵다는 것은 어떤 뜻에서 하는 말일까? 현대인들도 불교를 이해하려고 하다가 그것이 너무 난해함을 탓하는 수가 많다. 그리고 그 난해한 이유는 대개 엄청난 술어 때문이라고 하는 소리를 듣는다. 그러나 정작 직후의 붓다에게는 아직 한 개의 술어도 없었을 것임에 틀림없다. 지금 우리가 문제삼고 있는 '연기'라는 술어마저도 틀림없이 후일에 성립되었을 것이다. 그럼에도 불구하고 불교가 난해하다고 한 것은 결국 그것이 추상적인 원리였기 때문이었을 것으로 짐작된다. 인도인들이 추상적인 사고를 즐기던 민족임은 문헌을 통해서 잘 알 수 있으나 아직 붓다 시대에는 추상적 사색이 발달해 있지 않았던 것이다. 몇몇 사상가들이나 그들을 따르는 사람 중에는 충분히 그것을 감당해 내는 이도 있기는 하였으나, 여느 사람들에게까지 그것을 바란다는 것은 무리였다. 이 연기의 원리는 아주 추상적인 원리인 까닭에 도저히 여느 사람들의 이해를 기대하기 어려웠던 것이겠다. "적연미묘"하다든지 "사람들의 생각을 초월한 것"이라든지, 또는 "지혜로운 사람만이 능히 알 수 있다."든지 한 것은 이런 사실을 가리키고 있는 것으로 여겨진다. 그러나 먼 후대에 살고 있는 우리는 이미 추상적인 사색에 익숙해져 있으므로, 이 첫째 이유가 우리에게는 적용되지 않는다고 하여도 좋을 줄 안다.

그 둘째 이유로서는 세상 사람들의 생활 태도가 지적되어 있다. 사람이란 흔히 그 도리가 진리임을 인정하면서도, 그것이 자기 비위에 맞지 않는다는 이유로 그것을 받아들이지 않는 경우가 허다하다. 같은 경의 다른 대목에서 "이는 세상의 조류에 역행하는 것"이라고 붓다가 말씀한 것도 이런 사실을 가리키는 것으로 보인다. 뒤에서 밝혀지겠지만 이 연기의 원리가 요구하는 실천이란 욕심을 떠나는 문제, 즉 고의 멸진을 실행하는 일이 아닐 수 없다. 그러나 세상 사람들이 욕망에 빠져 있을 때에는 아무리 연기의 도리를 설해 보았자 도저히 그들에 의해 받아들여질 가능성은 없다고 하여야 될 것이다. 이리하여 "나는 오직 기진맥진할 따름이리라."는 이유가 붓다로 하여금 설법을 주저케 만들었던 것이다. 이 점에서는 현대에 사는 우리라 해서 고대인보다 조금도 나아진 것은 없을 터이다. 우리 또한 욕망을 즐기고, 욕망에 빠지고, 욕망에 사로잡혀 있는 것이다. 아니 고대인보다 훨씬 욕망에 민감한 것이 우리이며, 욕망 이외의 것은 알려고도 들지 않는다 하여도 과언이 아닐 것이다. 이런 태도를 그대로 지녀서는 아무리 불교를 알려고 애쓴다 하더라도 결국은 인연 없는 중생이 되고 말 것임에 의심의 여지가 없다. 왜냐하면 실천 없는 불교란 존재할 수 없는 까닭이다.

이렇게 말함으로써 나는 짐짓 연기 사상의 난해함을 강조하고 있는 듯이 보일지 모르나 사실은 그와 정반대이다. 하기야 붓다도 그리고 후세의 불교인들도 자주 그것의 난해함을 이야기하였다. 그러나 내가 힘주어 말하고 싶은 것은 그것은 이미 어려운 문제가 아니라는 점이다. 그것을 알리기 위해 나는 붓다가 열거한 난해의 이유를 나누어서 설명했던 것이다. 그 첫째 이유, 즉 심심 미묘하기 때문이라는 것은 추상적인 사고에 익숙해진 우리에게는 이미 해당되지 않는다고 보아도 된다. 문제는 오히려 둘째 이유에 있다. 그것을 기꺼이 받아들이느냐 하는 점이다. 이해의 문제가 아니라 의지의 문제이다. 도리는 잘 알겠으나 자신은 그것에 의해 살아갈 뜻이 없다고 한다면, 결국 불교와는 인연이 끊어지고 말 것이기 때문이다.

그러면 우선 그것을 어떻게 이해하여야 할 것인가? 그 실마리가 될까 해서 나는 이 장(章)의 첫머리에 '연기의 공식'이라고도 할 수 있는 몇 구절을 인용해 놓았다. 그것은 붓다가 정각한 직후, 아직도 보리수 밑에서 명상하고 있을 때에 정리해 둔 것이다. 사실을 말한다면 나도 역시 붓다가 정각을 성취한 그 순간의 소식에서부터 해명해 가고 싶지만, 그것은 누구의 손으로도 불가능할 것임이 틀림없다. 그것은 마치 뉴턴이 사과가 떨어지는 것을 보고 만유 인력의 법칙을 깨달은 그 순간 같은 것이어서,

그때의 내적 체험의 경위는 아마 본인으로서도 밝힐 수가 없었으리라 믿어진다. 따라서 경전에도 그 순간의 내적 체험을 이야기한 붓다의 말씀은 전혀 나오지 않는다. 우리는 오직 그런 체험에 입각하여 정리해 놓은 사상 체계를 통해서 어느 정도 그것을 짐작하는 수밖에 도리가 없는 것이겠다.

그런 뜻에서 우선 이 '연기의 공식'을 취택한 것이고 이것은 두 부분으로 나누어서 생각할 수 있다. 그 하나는

"이것 있음에 말미암아 저것이 있고, 이것 생김에 말미암아
저것이 생긴다."

는 부분이다. 붓다는 일체 존재의 발생을 이 공식으로써 풀어 간 것임에 틀림없다. 이를테면 그 보리수 밑에 있었을 때, 붓다는 자기의 과제와 대결하면서

"무슨 까닭에 노사(老死)가 있는가? 무엇으로 말미암아 노사
가 있는가?"

하는 문제를 생각했다고 한다(『상응부경전』 12 : 10). 이미 그런 사고 방식이 연기의 원리에 입각한 것이려니와, 여기에서는 존재의 발생을 문제삼고 있는 것이니 "말미암아(緣) 생긴다."는 말을 줄여서 '연생(緣生)의 공식'이라 해도 좋을 줄로 생각한다. 또 하나의 부분은 그 후반의 것으로 다음과 같은 말로 되어 있다.

"이것 없음에 말미암아 저것이 없고, 이것 멸함에 말미암아
저것이 멸한다."

붓다 자신이 이 공식을 사용한 보기를 살펴건대, 역시 보리수
밑의 명상에서

"무엇 없는 까닭에 노사(老死)가 없는가? 무엇이 멸함으로
말미암아 노사가 멸하는가?"

를 생각했다고 한다. 이것 또한 연기설에 의한 사고법이며, 여기
서도 "말미암아(緣) 멸한다."는 말을 줄여서 '연멸(緣滅)의 공
식'이라고 해도 좋을 것이다. 이리하여 이 전반과 후반을 합친다
면 '연생·연멸의 공식'이 되겠으나, 그것을 다시 줄여서 나는
'연기의 공식'이라고 부르고자 한다. 그리고 연기의 공식이란
결국 이런 공식에 의해 모든 존재의 발생과 소멸을 생각해 가는
일임에 틀림없다.

여기에서 다시 한걸음 나아가, 더 직접적으로 연기의 원리가
붓다에 의해 어떻게 설해졌는지를 생각할 때, 먼저 머리에 떠오
르는 것은 『상응부경전』 12 : 20 '연(緣)'이라는 제목의 경이다.
그것은 우리에게 더없이 귀중한 자료라고 생각된다. 왜냐하면
연기란 무엇인지에 대해 붓다가 직접 정면에서 이야기한 경전은
아함부의 여러 경 중에서도 이것밖에 없는 까닭이다.

그것은 붓다가 사바티(舍衛城)의 교외에 있는 제타(祇陀) 숲

의 정사 즉 기원정사에 계시던 때의 일이거니와, 붓다는 자진해서 비구들에게 "오늘은 연생의 법에 대해 설하고자 한다."고 말문을 떼었던 것이다. 비구들은 필시 긴장한 표정으로 붓다의 다음 말씀을 기다렸을 것으로 생각된다. 그때 붓다가 설하신 말씀을 경전은 이렇게 기록하고 있다.

"비구들아, 연기란 무엇인가  비구들아, 생(生)이 있는 것으로 말미암아 노사(老死)가 있느니라. 이 사실은 내가 세상에 나오든 안 나오든 법으로서 확정되어 있는 바이다. 그것은 상의성(相依性)이다. 나는 이를 깨닫고 이를 이해하였다. 이를 깨닫고 이를 이해하였기에 이를 가르치고, 선포하고, 설명하고, 나타내고, 분별하고, 명백히 하여, '너희는 마땅히 보라.' 고 말하는 것이니라."

이 설명 속에는 세 가지 중요한 사항이 포함되어 있다. 그 하나는 연기의 성격에 대한 언급이다. 그것은 계시도 아니고 영감도 아니며, 더구나 붓다가 발명한 도리일 수도 없는 노릇이어서, 붓다의 존재 여부와는 관계없이 예로부터 이제까지 엄연히 정해져 있는 법칙이라는 것이다. 그것은 이 원리가 본래 존재 사실자체임을 말하는 것이겠다. 그런 뜻을 다른 곳에서 붓다는 '오래된 길(古道)'에 비유해서 그것이 원래부터 존재하는 것이라고 말씀한 적도 있다(『상응부경전』 12 : 65 성읍).

그러면 그것에 대해서 붓다는 어떤 구실을 하고 있는 것일까?

그것이 둘째 사항인바, 붓다는 그것을 깨닫고 그것을 이해함으로써 가르치고, 선포하고, 설명하는 구실을 맡고 있는 데 지나지 않는다고 되어 있다. '오래 된 길'의 비유를 가지고 말한다면 붓다는 다만 그 오래 된 길을 발견하여 그것을 사람들에게 전하고, 그 길을 정비하여서 사람들을 가게 할 뿐이라는 뜻이 될 것이다.

그리고 셋째 것은 이 원리의 구조에 관한 사항이다. 이것이야말로 지금 우리가 알고 싶은 당면 문제이거니와, 이에 대해 두 군데에서 언급되어 있음을 발견하게 된다. 그 하나는 "생이 있음으로 말미암아 노사가 있다."는 구절이다. 이는 연기설의 구체적인 보기라고 해도 좋겠다. 그리고 또 하나는 "그것은 상의성"이라고 한 구절이다. 극히 짧은 말이기는 하나, 그것이야말로 이 원리의 구조를 표현한 소중한 자료라고 하지 않을 수 없겠다.

'연기'라는 말이 "말미암아 일어난다."는 뜻임은 이미 언급했다. 이것을 팔리 어의 원어에서 따져 보아도 역시 paṭiccasamuppāda, 즉 '조건에 말미암은 발생'이라는 뜻이 된다. 일체의 존재는 모두가 그럴 만한 조건이 있어서 생겨났다는 것, 홀연히 또는 우연히 또는 조건 없이 존재하는 것은 이 세상에 아무것도 없다는 것, 이것이 연기 사상의 내용이다. 또 그것을 뒤집어서 말한다면 일체의 존재는 그것을 성립시킨 조건이 없어질 때 그 존재 또한 없어져 버린다는 것, 따라서 독립 · 영원하여 불변하는 것이란 이 세상 어디에도 존재할 수 없다는 것, 이것이 연기 사상이다. 그것을 하나의 원리로 추상화시킨다면 '조건에 의한 발생'이요, 그것을 약간 현대식으로 말하면 '관계성'이 될 것이며,

과거의 불교인들은 흔히 이것을 '인과성'이라고 했거니와, 이제 붓다는 그것을 '상의성'이라고 말하고 있는 것이다.

그러나 이미 말했듯이 고대인 중에는 그런 추상적인 문제를 이해하지 못하는 사람이 적지 않았던 모양이다. 붓다의 제자들도 그 예외는 아니었던지, 한 경전(『상응부경전』 12 : 67 노속)에 의하면 코티카라는 제자도 그것이 아무리 해도 이해되지 않아서 친구인 사리불에게 물은 적이 있다고 한다.

"사리불이여, 그것은 대체 어떻게 이해하여야 되겠는가?"

그것에 대답하면서 사리불은 한 비유를 들어 설명했다.

"친구여 이를테면 여기에 갈대 단이 있다고 하자. 그 갈대 단은 서로 의지하고 있을 때는 서 있을 수가 있다. 그것과 같이 이것이 있음으로써 그것이 있는 것이며, 그것이 있기 때문에 이것이 있는 것이다. 그러나 만약 두 단의 갈대에서 어느 하나를 치운다면 다른 갈대 단도 역시 넘어져야 할 것이다. 그것과 마찬가지로 이것이 없으면 그것도 없는 것이며, 그것이 없고 보면 이것 또한 있지 못하는 것이다."

현대인은 그들보다 추상적인 이해에 훨씬 뛰어나다고 보아야겠으나, 그래도 연기의 원리가 잘 이해되지 않는 분이 있다면 이 비유를 곰곰이 생각해 보기 바란다.

# 이는 고(苦)이다

"비구들이여, 이것이 고의 성제(聖諦)이다. 마땅히 알라. 생(生)은 고이다. 노(老)는 고이다 병은 고이다. 죽음은 고이다. 미운 사람과 만나는 것도 고요, 사랑하는 사람과 헤어지는 것도 고요, 욕심나는 것을 얻지 못하는 것도 고이다. 통틀어 말한다면 이 인생은 바로 고 그것이다.

비구들이여, 이것이 고의 발생의 성제이다. 마땅히 알라. 후유(後有)를 일으키고, 기쁨과 탐심을 수반하며, 이르는 곳마다 그것에 집착하는 갈애(渴愛)가 그것이다. 그것에는 욕애(欲愛)와 유애(有愛)와 무유애(無有愛)가 있다."

(『相應部經典』56 : 11 如來所說. 漢譯同本, 『雜阿含經』15 : 17 轉法輪)

전장(前章)에서 나는 연기의 원리에 대해 누누이 설명한 바 있거니와, 아마도 무미 건조하게 느껴져서 그런 이야기가 인생을 더 나아지게 하는 데 무슨 관계가 있느냐고 생각했던 분도 있을지 모르겠다. 그러나 붓다는 그 원리를 깨달은 순간 '이젠 됐다.'고 생각했을 것임에 틀림없다. 하기야 '이젠 됐다.'는 따위의 점잖지 못한 말을 입 밖에 내지는 않았을 테지만, 붓다는 그것에 의해 인생의 모든 과제를 풀 수 있는 열쇠를 발견하게 된 것이므로 매우 기뻐했을 것은 사실이겠다.

그러면 대체 어떻게 하여 연기의 원리가 인생의 수수께끼를 풀어헤치는 열쇠가 된다는 말인가? 그것은 앞에서도 언급한 '연생(緣生)의 법'이라는 말 속에 설명되어 있다. '연생의 법'이란 조건이 있음으로써 발생한 것이라는 정도의 뜻이어서, 말하자면 실체(實體)로서의 존재성을 부정하는 것이라고 할 수 있다. 무엇인가 있기 때문에 이것 또는 저것이 존재한다. 그러기에 영원·불변하는 것이란 인정될 수 없다는 것, 그리고 조건에 의해 존재하는 까닭에 그 조건의 소멸은 바로 그 존재의 소멸도 뜻하게 된다는 것, '연생의 법'이란 이런 이치를 가리키는 말이다.

그렇다면 붓다의 과제가 되었던 고(苦)니 생로병사니 하는 것은 어찌 될까? 일체의 존재가 조건에 의해 성립되었다면, 그런 존재의 성질에 불과한 고나 생로병사가 영원·불변한 것이라고는 생각할 수 없는 바이다. 그러므로 붓다가 "고는 연생이다."라고 할 때, 그것은 고의 고유성·실재성의 부정이라고 보아야 되는 것이겠다. 고도 생로병사도 어떤 조건에 의해 생겼다면, 그 조건을 변경시킴으로써 그런 것을 극복할 수 있을 것임에 틀림없다. 이런 뜻이 "고는 연생이다."라는 말씀 속에 포함되어 있는 것으로 보인다. 그러기에 그 말씀은 인생 문제를 해결한 붓다의 개가라고도 할 수 있으리라.

이 장(章)의 첫머리에 인용한 글은 이른바 '사제'에 관한 설법의 전반 부분이다. 이미 말한 바와 같이 사제설은 바라나시 교외 이시파타나 미가다야(鹿野苑)에서 행해진 첫 설법의 주제였고, 또 붓다의 일생을 통해서 그 사상의 골격을 이루는 것이었다. 이 사제 설법 중에서 먼저 그 전반의 두 절을 떼내어 검토할 때, 거기에는 극히 명쾌한 표현으로 먼저 문제를 제시하고 난 다음 그 발생 조건이 설명되고 있음을 보게 된다.

"비구들이여, 이것이 고(苦)의 성제이다."

붓다는 아마도 미리 네 가지 항목을 세워 놓은 다음 차례차례 그것에 대해 설명을 덧붙인 것으로 생각된다. 그 네 가지 항목이란 앞에서도 언급했듯이

1) 고의 성제.
2) 고의 발생의 성제.
3) 고의 멸진의 성제.
4) 고의 멸진에 이르는 길의 성제이다.

또는 '제(諦)'라 함은 단언적 명제라는 뜻이므로, 그것은

1) "이는 고이다."

2) "이는 고의 발생이다."

3) "이는 고의 멸진이다."

4) "이는 고의 멸진에 이르는 길이다."

라는 형식으로 제기되었던 것인지도 알 수 없다. 사실 그런 표현도 붓다의 말씀이라 하여 자주 여러 경전 속에 나오고 있다.

어쨌든 붓다는 먼저 문제부터 제시했다. 그것은 원래 붓다가 출가 당시에 지니고 있던 자신의 과제였다고 할 수 있다. 그러나 그 과제는 붓다 개인의 과제로 그치는 것이 아니라, 모든 인류의 과제임에 틀림없다. 하기야 모든 사람들이 그것을 과제로 자각하고 있는 것은 아니겠지만, 그것은 마땅히 만인의 과제가 되어야 할 성질의 것이겠다. 이 당연한 것, 괴로움으로 자각하고, 인생을 있는 대로의 진상에서 파악한다는 것은 기실 불교의 기초임에 틀림없으리라. 이것 없이는 불교는 그 첫발조차도 내디딜 수 없는 까닭이다. 이 자각이야말로 붓다를 몰아 진리 탐구로 달려가게 한 동기였다면, 그것은 전 인류에게도 인생을 대하는 기본 자세이어야 할 것임에 틀림없다고 할 것이다. 그러기에 문제의 제시가 그대로 진리(성제)일 수 있는 것이겠다.

생(生)도 고, 노(老)도 고, 병도 고, 죽음도 고! 과거의 불교인들은 이것을 합쳐서 사고(四苦)라고 불렀다. 이것만으로는 괴로움을 몇 가지 열거한 것뿐이어서 특별한 뜻이 없어 보일지도 모른다. 그러나 그것은 모두가 인간의 유한성을 가리키고 있다는 점에 주목할 필요가 있다. 불교 용어로 말한다면 그것들은 모두가 '행고(行苦)'에 속한다. 즉 일체가 무상하여 변화하는 데서 오는 괴로움인 것이다. 이렇게 이해할 때 비로소 노·병·사와 함께 생까지도 고 속에 넣은 뜻이 명료해진다.

이런 사고(四苦)에 이어서 열거된 것은 예로부터의 한역으로 말한다면 원증회고(怨憎會苦)요, 애별리고(愛別離苦)요, 구부득고(求不得苦)이다. 이런 것들은 사고에 비길 때 좀 다른 범주에 속한다고 하여야 할 것이다. 인간의 유한성과 관련된 것도 아니고, 행고 속에 포함될 성질의 것도 아니다. 구태여 그것들을 규정한다면 우리의 뜻대로 되지 않는 인생 체험을 세 가지 사항으로 대표시킨 것이라고 할 수 있다. 그리고 "이 인생은 고 그것이다."라는 말은 인생 전반에 대한 단안이라고 보아야 한다.

다시 한 번 말하거니와 예로부터 불교인들은 사고와 나중에 나온 네 가지 항목을 합쳐서 흔히 '팔고'라고 일컬었으나, 이것은 항목만을 나열한 데 지나지 않는다. 우리는 오히려 붓다가 먼저 인간의 유한성에 대해 말하고, 그 다음으로 뜻대로 되지 않는 인생 체험을 설함으로써, 결국 이 인생이란 고(苦)가 아니냐는 결론으로 이끌어 간 그 설득의 교묘함을 맛보는 것이 좋으리라 믿는 바이다.

그 두 번째는 "이것이 고의 발생의 성제이다."라고 되어 있다. 더 단적으로 말한다면 "이는 고의 발생이다."라는 명제다. 이것에 대해 앞서 지적해 두어야 할 것은 제1 명제에서 제2 명제로 옮아가는 과정이다. 거기서는 '무엇이 있음으로 말미암아 고가 있는 것일까? 라는 설문이 있어서 그 두 가지 명제를 연결시키고 있다. '연기의 공식'의 전반이 질문의 형식으로 양자 사이에 개재됨으로써 그 둘을 결합시킨 것이다. 물론 사제 설법의 말씀에는 그것이 나타나 있지 않으나, 정각 이후에 붓다가 펼친 논리에는 언제나 이 공식이 자유 자재로 구사되고 있다. 그리고 이 설문에 대해 "이것이 있음으로 말미암아 고가 있다."고 대답하는 것이 이 제2 명제인 것이다.

그러면 그런 고(苦)를 있게 하는 조건은 무엇인가? 그것은 갈애라고 대답되어 있다. 갈애(渴愛)라는 말의 원어는 팔리 어로 말한다면 taṇhā인데, 그것은 원래 '목마름'의 뜻이어서 목마른 이가 물을 바라듯이 사납게 타오르는 욕망의 작용을 가리키는 말이다. 갈애란 그 원어의 뜻을 살리고자 매우 애쓴 역어임을 알 수 있다.

그러나 더 중요한 것은 여기서 붓다가 그 말에 부여하고 있는 뜻이다. 그것을 따져 볼 때 이 말은 불교를 이해하는 데 매우 미묘하고 중대한 뜻을 내포하고 있다는 것을 알게 된다.

이 점에 대해 우리는 이제까지 좀 소홀하지 않았던가 싶다. 붓다가 욕망에 대해 언급할 경우 매우 조심스럽게 이야기하고 있는 사실을 우리는 그대로 보아 넘긴 점이 없지 않다고 생각되는 까닭이다. 갈애라는 말의 쓰임새도 그 좋은 보기가 될 것이다. 단적으로 말해서 붓다는 결코 욕망 자체를 부정하지는 않았다. 그가 부정한 것은 그 지나치게 사나운 작용이었다. 나는 일찍이 불교가 욕망의 완전한 포기를 요구하는 것이라면 나 같은 것은 도저히 따라갈 수 없으리라고 낙담한 일도 있다. 또는 이런 가르침은 완전히 비인간적인 것이 아닌가 하고 의심한 적도 있다. 그러나 깨닫고 보매 그것은 전적으로 나의 오해임이 밝혀졌다. 이리하여 나는 자신의 불민함을 부끄러워하면서 붓다가 사용한 욕망과 관계되는 술어를 주의 깊게 검토해 갔다. 그 결과로 나는 대략 이런 말을 할 수 있게 되었다.

첫째로 욕망 자체는 '무기(無記)'라고 보는 것이 붓다의 입장이었다고 이해된다. 무기란 '선악을 구별하기 이전의 상태'라는 뜻이다. 붓다는 욕망 자체를 일괄해서 그것을 선이라든지 악이라든지 단정한 적은 없던 것이다. 만약 그렇게 단정했다면 그것은 도리어 도리에 어긋나는 것이 되는 까닭이다. 이를테면 우리는 누구나 식욕이라는 욕망을 지니고 있다. 우리는 그 식욕에 따라 음식을 먹게 된다. 그리하여 적당히 먹어서 몸을 유지한다는 것은 어디로 보나 좋은 일임에 틀림없다. 그러나 지나치게 먹어 도리어 몸을 손상시킨다면 그것은 나쁘다고 할 수밖에 없다. 또는 자신의 식욕을 채우기 위하여 남의 것을 뺏아 먹는다고 할 때, 그것 또한 나쁜 행위라고 하여야 될 것이다. 그러기에 욕망 자체는 무기라고 할 수밖에 없으며, 그 작용에 따라 처음으로 선악의 판단이 성립될 수 있는 것이다.

이와 관련해 『소부경전』 '자설경(自說經)' 6 : 8에 다음과 같은 구절이 있던 것이 생각난다.

"고행만이 청정한 행위라는 생각은 하나의 극단이다. 욕망에 아무 나쁜 점도 없다는 생각 역시 하나의 극단이다.”

금욕주의의 입장을 취하는 것은 욕망을 악이라고 보기 때문이려니와 붓다는 이 입장을 배격하였다. 고행을 포기한 것이 그 증거이다. 쾌락주의에 빠지는 것은 욕망을 선이라고 보는 것이겠으나 붓다는 이런 입장도 취하지 않았다. 출가의 단행이 무엇보다도 뚜렷한 증거이다. 이 두 가지 태도로 볼 때, 욕망에 대한 붓다의 견해는 ‘무기(無記)’였다고 해야 할 것이다.

둘째로 지적할 수 있는 것은 욕망을 언급하며 그 지나친 작용을 경계할 때 붓다는 언제나 신중하게 그 용어를 선택했다는 사실이다. 이를테면 탐욕이라는 용어가 그것이다. 이것은 원래 rāga라는 원어를 번역한 것으로 ‘붉음(赤)’ 또는 ‘연소’를 뜻하는 말이다. 그것을 붓다는 불꽃처럼 타오르는 맹렬한 욕망을 가리키는 뜻으로 사용했던 것이다. 한역에서는 이것을 ‘탐(貪)’이라는 말로 바꾸어 놓았거니와, 그 원어의 뉘앙스는 일단 상실된 채로 그래도 아직 욕망의 지나친 상태를 나타내고 있는 점에서는 다름이 없다고 하겠다. 그리고 여기에서 갈애라는 말을 쓰고 있는 것도 또한 이런 배려에서 나온 것이라고 생각된다.

그런데 붓다는 이런 괴로움을 있게 하는 조건으로 갈애를 지적하고, 그것에 대해 간명한 해설을 베풀어 갔다. 그 해설도 다시 두 부분으로 가를 수 있다. 갈애의 상황을 말한 것과 그 종류를 열거한 부분이 그것이다.

먼저 그 첫째 부분에 대해서는

"후유(後有)를 일으키고 기쁨과 탐심을 수반하며 이르는 곳
마다 그것에 집착한다."

고 설명했다. 이 중에서 "후유를 일으키고"라는 말은 현대인의
표현으로는 쉽게 나타내기 어려운 뜻을 내포하고 있다. 후유라
는 말은 내생에서 윤회를 되풀이하는 존재라는 뜻이어서, 결국
은 미망(迷妄)의 인생을 반복한다는 정도의 뜻이다. 그리고 그
씨(원인)가 되는 것이 다름 아닌 갈애라는 것이다. 왜냐하면 기
쁨과 탐심을 수반하며 이르는 곳마다 그것에 집착하기 때문이라
고 설명된다. 이것을 한역에서는 "희탐구행(喜貪具行) 수처환희
(隨處歡喜)"라고 했다. 그 대상을 가리지도 않고 욕심을 내어
서 그칠 줄을 모르는 상태를 말한 것이라고 받아들여도 좋을
것이다.

　그리고 둘째 부분은

"그것에는 욕애와 유애와 무유애가 있다."

고 되어 있다. 이것은 갈애의 분류인바, 그 분류의 솜씨는 매우
뛰어나다고 할 수 있겠다. 그 하나는 성(性)에 관한 욕망(욕애),
둘째로 지적된 것은 개체 존속의 욕망(유애), 셋째 것은 명예·
권세에 대한 욕망(무유애)인바, 이 분류 방법은 오늘에서도 근본
적으로는 정정할 필요가 없다고 하겠다. 그것은 이를테면 홉즈
(1588~1679)가 인간의 온갖 욕망을 세심히 검토한 끝에 그것들

을 가장 소박한 형태로 환원시켜서 자기 보존의 욕망, 자기의 연장의 욕망, 명예와 권세같이 남의 위에 서고자 하는 욕망— 그는 그것을 허욕(vanity)이라고 했다— 의 셋으로 나눈 것을 생각게 한다.

어쨌든 붓다는 여기에서 괴로움을 생기게 하는 조건을 발견하여 그것을 상세히 검토하였다. 그러면 그 조건이 되는 갈애를 어떻게 처리하겠다는 것인가? 그것이 셋째와 넷째의 성제(聖諦)인 것이다.

# 이는 고(苦)의 멸(滅)이다

"비구들이여, 이것이 고의 멸진(滅盡)의 성제이다. 마땅히 알라. 이 갈애를 남김 없이 멸하고 버리고 벗어나서, 더 이상 집착함이 없기에 이르는 일이다.

비구들이여, 이것이 고의 멸진에 이르는 길의 성제이다. 마땅히 알라. 성스러운 팔지(八支)의 길이니, 정견 · 정사 · 정어 · 정업 · 정명 · 정정진 · 정념 · 정정이 그것이다."

(『相應部經典』56 : 11 如來所說. 漢譯同本, 『雜阿含經』15 : 17 轉法輪)

이것이 사제 후반의 두 가지 성제에 대한 설법이다. 이제 전반의 두 명제와 후반의 두 명제를 따로 나눈 것은 붓다가 그렇게 구분하여 설했다는 것이 아니라, 그 구조로 볼 때 일단 그런 분류가 가능하기 때문이다. 앞에 든 '연기의 공식'을 여기에 적용시켜 본다면 "이것이 있음으로 말미암아 저것이 있다." 또는 "이 것이 생김으로 말미암아 저것이 생긴다."는 공식의 전반 부분이 쓰이고 있는 것은 사제 전반의 두 명제이다. 그리고 "이것이 없음으로 말미암아 저것이 없다." 또는 "이것이 멸함으로 말미암아 저것이 멸한다."는 후반의 공식이 응용된 것은 이 후반 부분인 멸·도의 두 명제라고 할 수 있다. 또는 그 전반은 고의 발생에 관한 이론적인 부분, 그 후반은 고의 멸진에 대한 실천적인 부분이라고도 나눌 수 있겠다.

어쨌든 "이는 고이다."라고 인식하고, 그렇게 만드는 조건을 갈애라고 단정한 이상 그렇다면 어떻게 하여야 되느냐는 것이 문제가 된다. 그래서 '연기의 공식'의 후반 부분이 응용되어 "무엇을 멸함으로 말미암아 고를 멸할 수 있는가?"라고 추궁하게 되는 것이다. 그것에 대한 대답이 "이 갈애를 남김 없이 멸하여 더 이상 집착함이 없기에 이르는 일"이라고 되어 있는 것이다. 갈애 때문에 생긴 괴로움이니까 이것을 제거하면 된다는 이론이다.

그것은 참으로 간단 명료한 답변이다. 너무 간단 명료하여 도리어 싱겁다고 할지도 모르겠다. 왜냐하면 인생의 괴로운 양상이란 천차만별하고 다기 다양한 것이기에, 도저히 이처럼 간단하게 처리될 수는 없다고도 생각할 수 있기 때문이다. 그러나 나는 그 다기 다양한 것을 쾌도로 난마를 베듯 풀어 버리는 것이 지혜라고 감히 말하고 싶다. 나는 붓다의 정각을 말하면서 뉴턴이 만유 인력을 깨닫던 순간을 보기로 든 바 있거니와, 그 후 뉴

턴에 의해 정리된 인력의 법칙은 간명했을지는 몰라도 저 밤하늘에서 반짝이는 어떤 별 하나도 망라하지 못함이 없었던 것이니, 그것이 과학자의 지혜임에 틀림없다. 그것과 마찬가지로 붓다에 의해 정비된 사제의 명제 또한 간단 명료하면서도 인생의 모든 양상에 적응해서 어느 하나라도 새어 나가는 것이 없는 것이다. 그러기에 나는 붓다가 설하신 것을 지혜의 가르침이라고 부르는 것이다. 다만 인생은 자연과 다르기에 그 법칙에 따라 실천하느냐 안 하느냐는 우리 인간에게 맡겨져 있다. 여기에서 실천의 문제가 중대한 의의를 지니게 되는 것이다.

넷째 명제는 "이것이 고의 멸진에 이르는 길의 성제이다."라고 되어 있다. 나는 그렇게 번역했지만 더 원어에 가깝게 옮긴다면 "이것이 고의 멸(滅)에 따르는 길의 성제이다."라고 해야 할 것이다. 한역에서 흔히 "순고멸도성제(順苦滅道聖諦)"라고 한 것이 그것이다. 고의 멸(제3의 성제)에 따르는 실천이라는 뜻이다. 어쩌면 그렇게 번역하는 쪽이 좋았을지도 모르겠다. 어쨌든 제3 성제와 제4 성제는 밀접하게 관련되어 있어서, 제3 성제에서 실천의 원리가 수립되었다면, 제4 성제에서는 그 원리에 따르는 실천 항목이 문제가 되고 있다고 할 수 있겠다. 이 항목이란 물론 '성스러운 팔지(八支)의 길' 즉 팔정도(八正道)이다.

이미 말했듯이 이 사제는 연기의 원리에 입각해서 그것을 실천의 체계로까지 재조직한 것이다. 물론 여기에도 이론이 전개되고 있기는 하지만 중점은 실천 쪽에 놓여 있어서, 이론도 이런 실천을 뒷받침하기 위한 것이라고 여겨진다. 그러나 실천이란 인간의 선택에 매인 문제이므로 그 길을 가느냐 안 가느냐는 우리의 자유 의지에 맡겨져 있다. 자연 과학의 영역은 필연의 세계이다. 그러나 인간의 영역은 자유의 세계이기에 이로부터 실천의 무거운 의의가 생겨나는 것이겠다.

붓다가 그 실천 항목으로 열거한 '성스러운 팔지의 길'은 다음과 같은 여덟 개의 정도(正道)로 이루어져 있다. 정견(正見)·정사(正思)·정어(正語)·정업(正業)·정명(正命)·정정진(正精進)·정념(正念)·정정(正定)이 그것들이다. 제4 성제는 다만 이런 항목들을 열거했을 뿐이지만, 나는 그것들을 설명하기 위하여 네 묶음으로 분류하고자 한다.

1) 정견 — 바르게 보는 것
2) 정사·정어·정업 — 바른 행위
3) 정명 — 바른 생활
4) 정정진·정념·정정 — 바른 수행

이런 분류 방식은 붓다의 말씀에 근거한 것도 아니며, 후세의 불교인들에 의해 시도된 바도 아나, 우리의 이해를 돕기 위해 이렇게 나누고 볼 때, 붓다가 지시한 실천이라는 것이 어떤 성질의 것이었는지 잘 나타나는 것 같다.

이것들 중에서 가장 기초적인 것은 제1 항목의 정견(正見)으로 보인다. 과거의 불교인들도 이것을 팔정도의 '기체(基體)'라고 불러 이것이 근본이 되어야 한다고 주장한 바 있다. '견'이란 관찰하고 선택한다는 뜻을 지닌 불교 용어로서 결국 인간의 오성(五性)의 작용이라고 하겠으나, 그것이 실천을 재촉하는 원동력이 되는 것이다. 이런 뜻에서 정견은 다른 일곱 가지 정도의 기초라고 할 수 있다. 이것으로부터 바른 행위가 흘러 나오고, 바른 생활 태도가 선택되며, 바른 수행이 선택되는 까닭이다.

여기서 주목되는 것은 이런 여덟 가지 실천이 모두 '정(正)'이라는 형용사로 불리는 사실이다. 대체 '정'이란 무엇일까? 이 말을 우리는 당연히 알고 있다고 여길지도 모르겠다. 그러나 "바르다"는 것은 무엇인가, 어떤 조건을 구비하는 것이 "바르다"고 불리는가 하고 따지면, 정연한 이론으로 대답하기가 그리 쉽지 않을 것이다. 알기는 알고 있으나 막상 말로 하려니 잘 안 나온다고 하거나, 아니면 답변을 회피해야 될까? 그러나 이 말은 불교에서 매우 중대한 뜻으로 쓰이고 있는 것이므로 어물어물 넘길 수는 없는 문제이다. 그리고 이 말에 대해서도 불교 쪽에서는 정연한 대답을 준비해 놓고 있는 것이다.

'정'의 첫째 조건은 "망령됨을 떠나는 일"이라고 되어 있다. 망령됨(妄)이란 명석하지 않고 여실(如實)하지 않음을 이름이다. 이것을 '견(見)'에서 말한다면 허망한 관찰, 허망한 분별이 '망견(妄見)'이다. 또는 '어(語)'에 관련시켜 말한다면 진실에 어긋나고 명확하지 않은 발언이 '망어(妄語)'가 된다. 그러면 어떻게 해서 그런 망령됨이 생겨나는가? 앞에서도 인용했거니와 붓다는 이것에 대해 다음과 같은 비유를 들어 말씀한 적이 있다.

"여기에 물통이 있어서 물이 가득 채워져 있다 하자. 그러나 만약 그 물이 불에 데워져서 부글부글 끓고 있다든지, 또는 이 끼나 풀로 덮여 있다든지, 또는 바람이 쳐서 물결이 일고 있다 면 어떻게 될까? 사람은 그 물에 자기 얼굴을 비추어 있는 모습 그대로 볼 수는 없을 것이다."

그것과 마찬가지로 사람의 마음이 탐욕으로 어지러워진다든 지, 노여움으로 이글이글 타오르고 있다든지, 또는 어리석음이 나 의심으로 덮여 있다든지 할 때에는 무엇이거나 여실히 명석 하게 관찰하고 판단할 수는 없다는 것이 그 경에서 붓다가 설한 가르침이었다. 이것을 더 추상적으로 나타내면 객체와 주관 사 이에 여러 잡스러운 요소가 개재함으로써 '망령됨'이 생기는 것 이어서, 그것을 불교에서는 부(覆 : 덮는 것) 또는 애(碍 : 장애가 되는 것)라고 일컫는다. 이런 개재물을 남김없이 떨쳐 버리고 맑 은 주관을 가지고 객체를 대하는 것, 그것이 "망령됨을 떠나는 일"이며, 그때 일체의 존재는 진상대로 주관에 의해 받아들여지 고, 주관에 의해 선택·분별된다는 것이다. 이것이 여실지견(如 實知見)이요, 무애(無碍)의 정견(正見)이다. 다시 말하면 이것이 언어로 표현될 때 '정어'가 되고, 행동으로 나타날 때 '정업'이 되는 것이다.

'바른 것'의 둘째 조건은 "전도(顚倒)를 떠나는 일"이다. 여기 서는 '정견'이 기초가 되므로 그것에 적용시켜 말한다면 "전도 의 견(見)이 아닌 것을 정견이라 한다."고 할 수 있다(『승만경』).

전도란 관찰과 판단에 임해서 그 순서가 엇바뀌고 진상을 놓치는 일이다. 대(大)와 소(小)를 거꾸로 아는 것도 그것이요, 미와 추를 잘못 판단하는 것도 그것이다. 또 끊임없이 변화하는 것을 마치 영원 불변한 듯이 착각하는 것도 그것이다. 붓다는 일찍이 이런 게를 설한 일이 있다.

> 법에 의해 이익을 얻지 못함과
> 비법(非法)으로 이익을 얻는 그것은
> 어느 쪽이 낫다고 하여야 하랴.
> 법대로 행하여서 얻지 못함은
> 비법으로 얻음보다 훨씬 나아라.

> 깨달은 것 적으면서 높은 명성과
> 깨달은 것 많고도 낮은 명성은
> 어느 쪽이 낫다고 하여야 하랴.
> 지혜가 많고도 낮은 명성은
> 적고도 높음보다 훨씬 나아라.

그것이 바른 일인 줄 뻔히 알면서도, 우리의 일상적인 행위는 자칫하면 "비법으로 이익을 얻는 일"에 몰두하기 쉽고, "지혜가 적으면서 명성이 높기"를 바라기 일쑤이다. 그리하여 이런 전도된 사고 방식은 인생의 모든 영역을 채워서 사람들을 미망과 죄악 속으로 끌고 가는 것이다. 이런 것을 '사전도'라고 한다. 이것은 불교의 입장에 서서 인간이 빠지기 쉬운 잘못을 네 가지로 분류한 것이다.

첫째, 상(常)전도— 이 무상한 존재를 영원한 것인 양 잘못 생각하는 것.

둘째, 낙(樂)전도— 고(苦)라고 보아야 할 이 인생을 즐거운 것으로 잘못 생각하는 것.

셋째, 정(淨)전도— 이 부정한 인간 존재를 청정한 것인 듯 잘못 생각하는 것.

넷째, 아(我)전도— 이 무아(無我)인 존재를 자아가 있는 것처럼 잘못 생각하는 것.

그리고 이런 전도가 생기는 이유를 추궁할 때, 결국은 탐욕과 노여움과 어리석음 때문이라는 것을 알게 된다. 그러기에 이런 장애물을 불식하여 이 전도에서 떠나지 못한다면, 마침내 '정(正)'에는 이르지 못한다고 설하는 것이다.

그리고 셋째 조건이 되는 것은 "극단을 떠나는 일"이라고 지적된다. 한역 경전의 표현을 따른다면 "가를 떠나 한가운데에 서는 일(離邊處中)"이다. 앞에서 인용한 첫 설법에 "비구들이여, 출가한 사람은 두 극단을 피해야 하느니라."고 나와 있던 것이 그것이다. 여기서 '극단'이라고 번역한 것은 팔리 어로 말한다면 anta(끝, 가)인바, 한역에서는 편(偏) 또는 변(邊), 단(端)이라고 번역되었다. 이 '변'을 떠나 '중(中)'에 서는 곳에 '정'이 있다고 보는 것이다.

이런 조건을 가지고 '정(正)'을 규정한다는 것은 다른 데서 그

유례를 찾을 수 없는 매우 불교적인 사고 방법이라고 하여야 할 것이다. 아마도 붓다의 절실한 체험으로부터 이런 조건들이 생겨났으리라고 생각된다. 그 체험이란 붓다가 정각을 이루기에 앞서 온 힘을 기울여서 고행에 매진하던 일을 말한다. 생각건대 극단으로 달린다는 것은 어딘가 인간의 깊은 데에 뿌리박고 있는 경향인 것 같다. 우리의 생각은 자칫하면 극단으로 달리기 쉽고, 그것을 실천함으로써 자기가 위대해지거나 한 듯이 좋아하는 점이 없지 않다. 이를테면 정치적인 견해만 하더라도, 좌냐 우냐 확실히 그 입장을 가르려고 드는 것이 우리이다. 그리하여 그 노선을 일단 택하고 나면 그것에 대해 미심쩍은 일이 있든 말든 그것을 끝까지 밀고 가려 든다. 우리의 처지에 알맞은 융통성 있는 입장이라는 것은 왠지 기회주의처럼 생각되어 비위에 맞지 않는 것일까? 이렇게 어느 극단으로 달리는 것은 인간의 약함을 숨기려는 행동일지도 모르는 일이다. 그리고 붓다조차도 한때는 이런 인간적인 약점에 사로잡혀 있었다는 것을 붓다의 전기는 우리에게 똑똑히 밝혀 주고 있다. 고행에 열중하여 그것으로 길을 타개하려고 했던 사실이 그것이다. 그러나 붓다는 이윽고 고행에 매달리는 것이 바른 길이 아님을 자각하여 결연히 그것을 버렸던 것이지만, 그 체험이 이제 여기에 '정(正)'의 조건으로서 살려진 것은 아니겠는가.

한 경(『잡아함경』 9 : 30 : 20 억이. 팔리 어 동본, 『증지부경전』 6 : 55 소나)은 이와 관련하여 매우 흥미 있는 문답을 전해 주고 있다.

붓다의 제자 중에 소나라는 사람이 있었다. 그는 목숨을 걸고 아주 엄한 수행을 계속했건만 아무리 해도 깨달을 수가 없었다. 도리어 망상만이 일어나서 그를 괴롭혔다. 그것을 아신 붓다는 그를 찾아가서 물으셨다.

"너는 집에 있을 때, 무슨 일을 잘했느냐?"
"대덕이시여, 거문고를 좀 뜯을 줄 알았습니다."
"그러면 소나야, 거문고 줄을 아주 팽팽하게 죄면 어떻더냐? 켜기에 좋더냐?"
"대덕이시여, 너무 팽팽하면 좋지 않습니다."
"그렇다면 소나야, 아주 너슨하게 하면 어떻더냐?"
"대덕이시여, 그리해도 안 되나이다."
"소나야, 네 말대로다. 거문고 줄이 너무 팽팽하거나 너무 너슨해서는 좋은 소리를 내지 못할 것이다. 도(道)의 실천도 그와 같으니라. 쾌락에 빠지는 일이나 고행을 일삼는 것은 다 바른 태도는 아니다. 또 지나치게 서둔다면 고요한 심경을 기대할 수 없고, 너무 긴장을 푼다면 게을러지기 쉽다. 소나야, 너는 그 중간을 취하도록 하여라."

극단을 떠나 중도(中道)에 설 때 바른 실천이 이루어진다는 것, 이것이 불교의 실천의 핵심이 되는 이른바 '중도'의 가르침이다.
이리하여 '팔정도'란 이런 여러 조건을 만족시킬 수 있는 바르게 보는 태도(정견), 바른 행위(정사 · 정어 · 정업), 바른 생활(정명), 바른 수행(정정진 · 정념 · 정정)임을 알게 된다.

# 나도 밭을 간다

믿음은 내가 뿌리는 씨

지혜는 내가 밭 가는 보습.

나는 몸에서 입에서 마음에서

나날이 악한 업(業)[12]을 제어하나니

그는 내가 밭에서 김 매는 것.

내가 모는 소는 정진이니

가고 돌아섬 없고

행하여 슬퍼함 없이

나를 편안한 경지로 나르도다.

나는 이리 밭 갈고 이리 씨 뿌려

---

12) karma. 어떤 결과의 원인으로 생각되는 행위 일체. 이것을 행위와 말과 생각으로 나누어 신(身)·구(口)·의(意)의 '삼업'이라 한다.

감로(甘露)의 열매를 거두노라.

(『相應部經典』7:11 耕田. 漢譯同本,『雜阿含經』4:11 耕田)

이것은 내가 가장 사랑하는 경 중의 하나이다. 그때 붓다는 마가다국의 시골인 에카사라(一葦)라는 마을에 있었다. 그 마을 이름은 다른 경에도 나오는데, 붓다가 여러 신자들을 상대하여 법을 설하고 있을 때 악마가 도전해 왔다는 것도 그 마을에서 있었던 일이다. 그것은 어쨌든, 붓다와 그 제자들은 어디에 살든지 간에 하루하루의 생활을 탁발에 의지할 수밖에 없었던 것이어서, 이런 탁발에서 일어난 일을 기록한 것이 바로 이 경이다.

그 아침에도 붓다는 어느 집 앞에 서서 탁발을 했다. 그것은 바라문의 집이었는데, 마침 씨 뿌리는 철이었으므로 그 집 주인인 바라문은 마을 사람들을 시켜서 그 준비를 서두르고 있는 참이었다. 바라문이란 예전부터 내려오는 사제자(司祭者)여서 제사를 주관하는 것이 그 소임이었으나, 붓다 시대에는 아마도 바라문이 너무 많았기 때문인지 농사를 짓는 사람도 적지 않았다. 그런데 그 바라문은 붓다가 탁발 온 것을 보자 앞으로 다가와 이렇게 말했다.

"사문이여, 나는 밭 갈고 씨를 뿌려서 내가 먹을 양식을 마련하고 있소. 당신도 또한 스스로 밭 갈고 씨를 뿌려서 당신이 먹을 양식을 마련하는 것이 좋지 않겠소이까?"

그것은 아마도 날카로운 어조의 도전이었을 것으로 여겨진다. 생각건대 그 바라문은 종교인의 생활을 청산하고 농사에 종사하고 있는 것이므로, 그에게 새로운 인생관이 생겼다고 해도 이상할 것은 없겠다. 일하지 않는 사람은 먹지도 말라, 현대식으로 말한다면 이런 생각이 그 말 속에 포함되어 있었던 것 같다.

그러면 이 도전에 대해 붓다는 어떻게 응수했던가? 그것은 우리에게 매우 기이한 인상을 주는 말씀으로 나타났다.

"바라문이여, 나도 밭을 간다. 나도 밭 갈고 씨 뿌려서 먹을 것을 얻고 있느니라."

그것을 들은 바라문이 자기의 귀를 의심하는 듯 어리둥절해하는 모습이 눈앞에 선하다. 아마 그는 얼마 동안 붓다의 얼굴만 멍하니 보고 있었으려니와, 이윽고 다시 물었다.

"사문이여, 우리는 누구 하나 당신이 밭 갈고 씨 뿌리는 모습을 본 적이 없소. 대체 당신의 보습은 어디에 있소? 그리고 당신의 소는 어디에 있소? 당신이 밭을 간다고 한 것은 무슨 뜻인지 나는 묻고 싶소."

그때 붓다가 대답한 말씀이 앞에 든 게(偈)로 표현되어 전해오는 것이다.

거기서 붓다는 내가 뿌리는 씨는 믿음(信仰)이요, 내 보습은 지혜가 그것이라고 했다. 또 나날이 악업(惡業)을 제어하는 것은 곧 김매는 작업이며, 내 소는 무엇이냐 하면 정진(精進)이 그것인바, 이 소는 한 걸음 한 걸음 착실히 나아가 물러섬이 없고, 또 그 행한 결과에 대해 뉘우쳐야 할 일도 없다고 했다. 그리고 이런 것이 내 농사요, 그 수확은 감로(amṛta)의 열매라고 결론을 내렸던 것이다. 감로는 '불사(不死)'·'천주(天酒)'라고도 번역된다. 그것은 꿀같이 달고 향기가 높으며, 한 번 먹으면 죽는 일이 없다는 전설이 있다. 고대 인도에서는 신(神)의 음식이라고 생각되었거니와, 불교에서는 이것으로써 그 궁극의 경지를 나타내는 일이 많다.

그런데 붓다가 "나도 밭을 간다."고 대답한 것은 아마 그 순간에 떠오른 즉흥적인 말씀이었겠지만, 참으로 의미 심장한 바가 있다고 하겠다. 그 뜻을 해명하면 붓다의 가르침의 기본적인 성격도 어느 정도 드러나게 된다고 여겨지므로, 이제 그것에 대해 설명을 해 볼까 한다.

대체로 인도 게르만 어족 계통의 언어에서는 대지를 개발하는 것과 인간의 정신을 계발하는 것이 같은 낱말로 표현되는 경향이 있다. 가령 영어에서 이것을 말할 때 cultivate가 그것이다. 또 문화와 농업이 어근을 같이하는 말로 표현되기도 한다. 즉 문화가 culture인 데 대해, agriculture라고 하면 농업의 뜻이 된다. 그리고 이와 같이 경작과 문화, 또는 인간 정신의 계발이 언어에서 밀접한 관계에 있다는 것은 결코 우연만은 아닐 것으로 여겨진다. 왜냐하면 그 양자는 기본 구조를 같이하고 있다고 생각되기 때문이다. 최근에 와서 문화를 논하는 학자 중에는 문화의 근본 원리가 경작에 있다고 주장하는 사람도 있는 모양이지만, 그것은 결코 근거 없는 일이라고 할 수 없다.

대지를 갈아 농사를 짓는 사람들은 어떻게 경작하고, 어떻게 수확을 올리고 있는 것일까? 나에게는 그것을 논할 만한 자격이 없으나, 구태여 말한다면 그 기본적인 구조는 다음과 같다고 할 수 있을 것이다. 농사꾼에게 주어진 것은 거친 대지이며, 그것을 인간이 개간하는 것이라고 볼 수 있다. 그러기 위해서는 먼저 잡초와 잡목을 제거하고, 크고 작은 돌멩이들을 치워야 할 것이다. 그런 다음에 보습을 대고 갈아야 할 것이며, 토양이 곡식의 성장에 적당치 못하다면 그 개량도 꾀해야 할 것이다. 또 물에서 떨어져 있을 때는 관개 시설도 서둘러야 하리라. 이렇게 해서 처음으로 논밭이 이루어지고, 거기에 씨가 뿌려지게 되는 것이다. 그리고 적당한 비와 햇볕과 김매기 · 거름주기 같은 것이 있음으로써 겨우 수확까지 이끌어 갈 수 있는 것이겠다.

그런데 문화니 교양이니 인간 정신의 계발이니 하는 것을 생각해 보면, 그것 또한 농사 짓는 것과 비슷한 점이 있다. 생긴 대로의 인간이란 자연의 대지와 비슷한 것이라고 하여도 될 것이다. 그리고 그 정신과 육체는 마치 잡초와 잡목에 뒤덮인 황무지가 아니고 무엇이랴. 그 잡초와 잡목을 뽑고, 크고 작은 돌멩이를 치우며, 토양도 개량해야 한다. 그때 거칠던 인간은 비로소 아름다운 논밭이 될 수 있는 것이다. 거기에 씨가 뿌려지고 적절한 손질이 베풀어질 때, 인간은 아름다운 땅으로서 훌륭한 수확을 올릴 수가 있는 것이다. 붓다도 기실 이런 일을 하고 있기에 "나도 밭을 간다."고 대답한 것이라고 여겨진다.

그런 인간 개간의 일을 하자면 먼저 지혜의 보습으로 갈아야 한다. 즉 인간의 무지 몽매함을 제거하는 일이다. 거기에는 미망이 있고, 탐욕이 있고, 성냄이 있고, 전도가 있다. 그리고 잔인성이 있고, 극단을 즐기는 버릇이 있다. 붓다의 설법이야말로 이런 황무지를 지혜의 보습으로 가는 일이라고 할 수 있다. 이를테면 경전(『상응부경전』 42 : 1 포악. 한역 동본, 『잡아함경』 32 : 6 악성)은 붓다가 어떤 촌장을 교화한 일에 대해 다음과 같이 전하고 있다.

그 사나이는 마을에서도 매우 소문이 나쁜 사람이었으며, 그것을 스스로 걱정하여 가르침을 받고자 찾아왔던 것이다.

"대덕이시여, 사람들은 나를 '포악하다, 포악하다.' 말하고 있습니다. 대체 무슨 까닭에 그리 말하는 것이겠습니까? 세상에는 같은 인간이면서도 '얌전하다.'는 평을 듣는 사람도 있거니와, 대체 어떤 이유로 그런 사람은 그런 말을 듣는 것이겠습니까?"

붓다는 거친 그 사람을 자비에 넘치는 눈으로 바라보면서 이렇게 말씀했다.

"촌장이여, 여기에 탐욕을 지닌 사람이 있다 하자. 그는 탐욕 때문에 남의 노여움을 사야 하며, 남이 노하는 것을 보면 그도 또한 노하게 되리라. 이렇게 되면 그 사람은 '포악하다'는 소리를 듣게 될 것 아니냐?

또 여기에 한 사람이 있는데, 그는 증오심에 불타고 있다고 치자. 그는 증오심 때문에 다른 사람의 노여움을 살 것이며, 다른 사람이 노하는 것을 보면 그도 또한 노하리라. 이렇게 되면 그 사람은 '포악하다'는 소리를 듣게 될 것이 아니냐?

그리고 또 한 사람은 어리석은 마음을 가지고 있다고 하자. 그는 어리석은 마음 때문에 다른 사람의 노여움을 사야 할 것이며, 또한 남이 노하는 것을 보면 자기도 노하리라. 이렇게 되면 그 사람도 '포악하다'는 말을 듣게 될 것이 아니냐?"

이런 논리의 전개는 붓다의 독특한 설명 방식인데, 좀 지루한 느낌도 없지 않다. 분석적이어서 단계에 따라 끌어올리는 수법이기 때문이다. 그러나 무명에 덮여 있는 눈을 뜨게 하는 데는 매우 효과적인 방법임에 틀림없다.

"그러나 촌장이여, 탐심·증오심·우매함을 떠난 사람이 여기에 있다 하자. 그는 그런 것들을 떠난 까닭에 누구의 노여움도 사지는 않을 것이며, 따라서 남의 노여움에 자극되어 자기가 성내는 일도 없으리라. 그때에는 모두 그를 일컬어 '얌전한 사람'이라고 할 것이 아니냐?"

이것은 바로 인간의 개간 사업이라고 할 수 있다. 무지몽매에 덮여 있는 인간 정신의 황무지에서 탐욕을 갈아 엎고, 증오심을 베어 내며, 어리석음을 뽑아 내서, 거기에다 씨를 뿌릴 준비를 하고 있는 것이다.

이리하여 거기에 씨가 뿌려진대도 그것으로 모든 일이 끝나는 것은 아니다. 대지를 경작하는 데에도 적당한 비와 적당한 햇볕과 때에 맞는 거름과 때에 맞는 제초 작업을 필요로 하는 것처럼, 인간 정신의 경작 또한 더 해야 할 일이 많다. 그런 일 중에서 앞에 나온 게(偈)가 들고 있는 것은 계율과 정진이다. 즉 나날이 신(身)·구(口)·의(意)의 삼업(三業)에서 악을 제어하는 일, 그것이 "내가 김매는 일"이라고 붓다는 말씀했다. 불교의 술어로 말한다면 계율을 가리키는 것으로 볼 수 있다. 대지를 경작할 때도 일단 개간한 땅이라고 하여 내버려 둘 수는 없는 문제이다. 잠시라도 눈을 땅에서 뗀다면, 모처럼 자라던 곡식도 순식간에 잡초로 뒤덮여 버리리라. 그것과 마찬가지로 인간의 정신도 어느 만큼 계발되었다고 해서 안심할 수는 없는 노릇이다. 만일 그리하다가는 악성의 잡초가 우리의 마음을 차지하고 말 것이기 때문이다. 이리하여 신·구·의 삼업에 걸쳐 철저한 제초 작업이 나날이 되풀이되어야 하는 것이다.

계(戒)라는 말은 우리에게 별로 인기가 없는 것 같다. 왠지 강요된 규제라는 느낌이 들기 때문일까? 그러나 계를 강요된 규제 사항으로 생각하는 것은 그 받아들이는 태도에 잘못이 있는 것 같다. 이 말의 원어인 '시라(sī-a)'라는 말은 습관·성격의 뜻이다. 예로부터 불교인들은 흔히 이것을 설명하여 소극적으로는

'악을 막는 일(防非止惡)', 적극적으로는 '선을 향상시키는 일(諸善增上)'이라고 했다. 그것은 결국 나쁜 버릇을 없애고 좋은 생활 습관을 기르는 일이며, 바꾸어 말하면 좋은 방향으로 성격을 개조해 가는 일임에 틀림없다. 그러기 위해서는 그 행위(身)와 언어(口)와 생각(意)에서 나날이 악의 풀을 제거해 감으로써 뿌려진 진리의 씨를 잘 자라나도록 보살펴야 한다. 그것이 계요, 성격을 개조해 가는 불교적인 방식인 것이다.

무릇 모든 종교에는 성격을 전화시키는 그 나름의 방식이 준비되어 있을 것이다.

"낡은 것은 이미 지나가고, 보라, 새롭게 되었도다"

모든 종교인은 이렇게 말할 수 있는 사람이 되어야 한다.

불교에도 그런 방식이 있음을 우리는 보아 왔다. 그것은 하루 아침에 어떤 경지로 뛰어오름으로써 만사가 끝나 버리는 그런 방식은 결코 아니다. 나는 깨달았기에 이제부터는 수행할 필요도 없고, 계율을 지킬 필요도 없다는 그런 방식일 수는 없다. 그것은 어디까지나 경작의 방식인 것이다. 인간의 정신을 개간하고, 법의 씨를 뿌리는 것은 기실 그 출발에 지나지 않는다. 끊임없는 제초 작업으로 항상 성격 향상의 노력이 지속되어야 하는 것이다. 다시 말하면 "가고 돌아섬이 없고, 행하여 뉘우침이 없는" 정신의 지속이 요구되는 것이다. 그러면 그렇게 해서 마침내 얻는 것은 무엇인가? 여기서는 그것에 대해 비유로밖에 설해져

있지 않다. 감로, 즉 신도들에게 바치는 달콤한 술이라고. 이것
은 이것대로 다른 항목에서 설명되어야 하겠다.

# 열반(涅槃)

　"사리불(舍利弗)이여, '열반, 열반' 하고 말하지만, 대체 열반이란 무엇인가?"

　"벗이여, 무릇 탐욕의 소멸, 노여움의 소멸, 어리석음의 소멸, 이것을 일컬어 열반이라고 한다."

　"그렇다면 벗이여, 그 열반을 실현할 방법이 있는가? 거기로 갈 길이 있는가?"

　"벗이여, 이 성스러운 팔정도야말로 그 열반을 실현하는 방법이다. 그것은 즉 정견 · 정사 · 정어 · 정업 · 정명 · 정정진 · 정념 · 정정이다."

(『相應部經典』38 : 1 涅槃)

　이렇게 생각하고, 이렇게 실천하여 불교인이 기어이 실현코자 하는 이상이란 무엇인가? 그것은 열반(nibbāna)이라 일컬어지는 경지이다.

이상의 경지는 사람과 종교에 따라 각기 다르다. 죽어서 천국에 태어난다든지, 제천(諸天 ; 여러 신)이 있는 곳에 왕생한다든지 하는 것을 이상으로 그리는 종교도 있다. 또 현세에서의 번영이나 행복을 궁극의 소망으로 삼고 있는 사람들도 적지 않다. 이런 중에서 열반을 인간의 이상으로 여기는 불교의 사고 방식은 반드시 그 유례가 전무하다고는 할 수 없을지 몰라도, 그 시대의 인도에 그리 보편화되어 있던 생각은 아니었던 것 같다.

어느 경(『중부 경전』 72 바차구다화유경. 한역 동본, 『잡아함경』 34 : 24 견)에 의하면, 붓다는 바차(婆蹉)라는 외도의 방문을 받아 다음과 같은 문답을 주고받은 적이 있다. 먼저 그 외도는 여러 가지 형이상학적인 문제에 대해 붓다의 소견을 물었고, 붓다는 그런 문제가 해탈 · 열반에 도움이 되지 않는다고 하여 견해 표명을 거부했다. 그래서 바차는 문제를 바꾸어 그 해탈 · 열반에 대해 따지고 들었다.


"대덕이시여, 그러면 그 해탈한 사람은 어디에 가서 태어나는 것입니까?"

"바차여, 그것은 어디에 가서 태어난다는 그런 것이 아니다."

"그렇다면 어디에도 안 간다는 것입니까?"

"가서 태어난다든지, 태어나지 않는다든지 하는 그런 것과는 다르다."

그는 열반에 대해 물었던 것이지만, 그 착안점이 완전히 빗나가 있었기 때문에 토론 자체가 성립되지 못했던 것이다. 결국 그는 아무것도 이해하지 못하고 말았다. 그래서 이번에는 붓다 쪽에서 그에게 질문을 던져 그의 생각을 유도해 갔다. 경전의 이런 서술로 보아도, 이 열반이라는 개념은 그 당시의 인도에서는 아직 일반에게 알려지지 않은 새로운 개념이었을 것으로 생각된다.

그러면 붓다는 어떤 질문으로 그 외도를 이끌어 갔는지 살펴보자.

"바차여, 그대가 알 수 없다는 것은 당연한 일이다. 왜냐하면 이 가르침은 심히 깊고, 알기 어렵고, 미묘하여, 지혜 있는 사람만이 알 수 있을 뿐, 다른 사상을 따르는 이나 다른 실천법을 닦는 이에게는 쉽게 이해되지 않을 것이기 때문이다.

그러나 나는 이제 다시 그대를 위해 설하리라. 바차여, 만약 여기에 불이 타고 있다 할 때, 그대는 그것을 불이 타고 있다고 이해할 수 있겠는가?"

독자들은 아마도 이상스런 질문을 한다고 여길지 모르나, 이런 데에도 현실을 직시해 가는 붓다의 사상적 자세가 보인다. 물론 바차는 알 수 있다고 대답하였다. 바차가 아니더라도 이런 대답밖에는 할 수 없었으리라. 그러자 붓다의 이상한 질문은 다시 이어졌다.

"바차여, 그러면 그 불은 무엇으로 말미암아 타고 있느냐고 묻는다면 그대는 어떻게 대답하겠는가?"

"그것은 나무가 있기 때문입니다."

"옳은 말이다. 그런데 바차여, 그 불이 다 타고 꺼졌을 때, 그 불은 어디로 갔느냐고 묻는다면 그대는 어떻게 대답하려는가?"

"대덕이시여, 그것은 적당한 물음이 아닙니다. 그 불은 나무가 있었으므로 탔던 것이요, 이제는 나무가 없어졌기에 꺼진 것입니다."

이 이상한 문답으로 붓다는 열반을 설명해 갈 터전을 닦았던 것이다. 그래서 붓다는 순순히 이런 말씀으로 타일렀다.

"이 인생은 괴로움으로 차 있다. 그리고 그것은 탐욕과 노여움과 어리석음 때문이다. 사람이 어리석어서 격정의 희롱하는 바가 되어 있는 까닭이다. 그래서 나는 그런 격정을 없애는 방법을 가르치는 것이다. 이리하여 그 격정이 없어지고 보면 불안이니 괴로움이니 하는 것도 없어질 수밖에 없다. 그것은 마치 훨훨 타오르던 불도 그 땔감이 다하고 나면 꺼져 버리는 것과 같다. 그것을 나는 열반이라 하는 것이다."

이런 설명을 듣고 난 바차는 크게 깨달은 바가 있어서, 그로부터 일생을 통해 충실한 불교 신자가 되었다고 한다. 그것은 어쨌든 여기에 전개된 문답은 불교의 이상인 열반에 대해 매우 구체적으로 해명하고 있다. 더욱이 거기에 사용된 비유는 단순한 비유로만은 보기 어려울 정도로 열반의 개념에 밀착되어 있음을 느끼게 한다. 대저 열반이란 그 원어(Pāli, nibbāna ; Skt., nirvāṇa)의 뜻을 캐어 볼 때 '불이 꺼진 상태'이기 때문이다.

이런 술어를 붓다는 어디로부터 가져왔던 것일까? 이런 문제를 캐기란 쉽지 않겠지만, 요컨대 그 출처는 붓다의 사상 자체에 있었던 것이라고나 해야 될 것 같다. 앞에서도 언급한 바이나 아주 초기에 속하는 붓다의 설법 중에 '연소'라는 제목으로 전해지는 경이 있다. 유럽의 불교 학자들은 이것을 예수의 '산상 수훈'에 비교하여 '산상 설법'이라고 부르기도 한다.

그것은 붓다가 전도를 시작한 지 얼마 되지 않은 때의 일이었다. 바라나시의 교외에 있는 이시파타나 미가다야(鹿野苑)로부터 다시 마가다 국의 우루베라― 정각한 곳 ― 로 돌아온 붓다는 거기서 많은 제자를 얻었다. 그 수효는 천 명에 달했다고 한다. 그 제자들을 이끌고 붓다는 다시 그 나라의 수도인 라자가하(王舍城)로 떠나갔던 것이지만, 그 출발에 즈음하여 그는 제자들과 함께 가야시산(象頭山)에 올라간 일이 있다. 산상에 올라서 바라보매, 추억 많은 땅들이 눈앞에 펼쳐졌다. 동북쪽으로는 아득히 가야(伽耶)의 거리가 보였다. 그리고 그 동쪽에서 흐르는 것은 네란자라 강임에 틀림없었다. 다시 그것을 따라 멀리 남녘으로 눈을 옮기니 정각을 성취했던 고장이 보였다. 이 장한 조망을 발 아래 놓고 붓다는 새 제자들에게 말하였다.

"비구들이여, 모든 것은 타고 있느니라. 활활 타오르고 있느니라. 먼저 이 사실을 너희는 알아야 한다. 그것은 어떤 뜻인가?

비구들이여, 눈이 타고 있다. 그 대상을 향해 타오르고 있다. 귀도 타고 있다. 코도 타고 있다. 마음도 타고 있다. 모두 그 대상을 향해 활활 타오르고 있다.

비구들이여, 그것들은 무엇으로 말미암아 타는 것이랴.

탐욕의 불꽃에 의해 타고, 노여움의 불꽃에 의해 타고, 어리석음의 불꽃에 의해 타고 있느니라."

그것은 붓다의 새로운 설명 방식이었다. 이제까지 붓다는 고조된 욕망을 말하는 데 '갈애' 라는 말을 사용했다. 그러나 여기서는 마찬가지로 욕망의 고조된 상태를 나타내면서 '연소' 라는 말을 썼던 것이다. 그 새로운 용어는 불교의 흐름을 따라 오래도록 큰 영향을 미쳤다. 후세의 불교인들이 흔히 '욕망의 불꽃' 이라고 했을 때, 그것도 이 계열에서 생겨난 용어로 보아야 하리라. 그리고 붓다가 말하고자 한 것은 이 비유적인 표현을 따라 이야기한다면 결국 그 연소하는 욕망을 가라앉혀야 한다는 것일 터이다. 그리고 번뇌의 불꽃이 완전히 꺼질 때, 거기에 나타나는 시원하고 편안한 경지, 그것이 열반임에 틀림없다. 열반이라는 술어는 이런 인생의 현실에 대한 생각을 배경으로 하여, 이상의 경지를 뜻하는 말로서 생겨났던 것이리라.

열반이라는 말은 그 성립 과정에서 본다 해도 어디까지나 소극적인 표현이다. 깊은 생각 없이 이를 대하면 천국이니 극락이니 지복(至福)이니 하는 말에 비겨 매우 매력이 없는 말이라고 여기는 사람도 있을 것이다. 또 후세의 불교인 중에는 이것을 소극 무위의 경지라고 잘못 생각한다든지, 회신 멸지(灰身滅智)[13]의 경계로 판단한다든지 하여 마침내는 열반으로써 죽음을 뜻하게까지 한 사람도 있다. 그러나 이런 것이 가당치 않은 해석임은 말할 나위도 없는 일이다. 그러면 눈을 돌이켜 이 장(章)의 첫머리에 인용한 글을 검토해 보자.

그것은 잔부카다카(闍浮車)라는 외도가 사리불을 찾아와서 벌인 문답이다. 그 사람은 낡은 주석에 의하면 사리불의 조카라고 되어 있거니와, 어쨌든 두 사람은 잘 아는 사이인 듯해서, 잔부카다카가 불교의 기본적인 개념에 관해 꼬치꼬치 물은 데 대하여 사리불은 하나하나 명쾌하게 대답하고 있다. 그 대답은 붓다의 설명 방식과는 약간 달라서 정의적 · 주석적인 점은 있으나, 역시 붓다의 수제자답게 참으로 명쾌하다고 하여야겠다. 그런 질문과 대답이 열 여섯 개의 경에 기록되어 그것들이 일련의 경군(經群 ; 염부거 상응)을 이루고 있거니와, 그 첫째 경의 내용이 이 열반에 관한 문답이다.

흔히들 열반이라고 하는데, 그것은 대체 무엇을 말함이냐는 것이 이 외도의 질문 내용이었다.

---

13) 육체적 · 정신적 작용이 완전히 끊어진 상태.

"벗이여, 무릇 탐욕의 소멸, 노여움의 소멸, 어리석음의 소멸, 이것을 일컬어 열반이라 한다."

그러면 거기에 이르는 방법은 무엇이냐고 다시 질문을 받은 사리불은 이렇게 대답했다.

"벗이여, 이 성스러운 팔정도야말로 그 열반을 실현하는 방법이다. 그것은 즉 정견·정사·정어·정업·정명·정정진·정념·정정이다."

그리고 사리불은

"벗이여, 이것은 선한 길이다. 벗이여, 노력할 만한 값어치가 있다."

는 말을 덧붙였다.

참으로 명쾌한 주석이어서, 열반에 관한 설명은 이것으로 충분한 것 같다. 여기에 딴 말을 덧붙인다는 것은 오직 그 개념을 모호하게 만들 뿐인지도 모르겠다. 그러나 나는 현대의 학자로서 한 가지만 거기에 덧붙이고 싶은 말이 있다. 그것에 의해 현대인들은 어쩌면 열반의 개념을 더 잘 이해할 수 있을지도 모른다고 생각하기 때문이다.

그것은 이런 인간의 이상을 생각해 낸 것은 결코 불교만이 아니라는 사실이다. 만약 이런 이상이 불교만의 주장이었다면, 우리는 도리어 의심스러운 마음으로 다시 한 번 그 관념을 검토해 보아야 했을지도 모른다. 그러나 널리 세계의 온갖 사상의 역사를 살필 수 있는 현대인의 입장에서 볼 때, 그것은 결코 불교만의 전유물일 수는 없는 것이라 하겠다.

그 중에서도 언어 표현상 가장 비슷한 것은 스토아(Stoa)의 철인들이 인간의 이상적인 경지라고 생각한 '아파테이아(Apatheia)'의 관념이다. 그들도 또한 인간의 불행은 격정(pathos)에 의해 이성이 방해되고 영혼이 구속됨으로써 생긴다고 보았던 것이다. 그리하여 이 격정으로부터 완전히 자유로워진 상태를 최고의 이상이라 여겨, 그것을 아파테이아라고 불렀다.

또 그리스의 에피쿠로스(Epikouros)가 '아타락티아(ataraktia)'라고 부른 경지도 그것에 가깝다. 그것은 어지러움이 극복된 내적 평화의 상태를 말한다. 저 쾌락주의자들이 그려 낸 인간의 최고 경지가 이런 것이었다는 것은 퍽 재미있는 일이라고 하겠다. 다시 근대에 와서 칸트(Kant)가 말한 '자유'의 개념 또한 같은 계열에 속한다고 생각된다. 그는 실천 이성(의지)이 자기 법칙을 따를 때 그것이 자율적 자유요, 이와 반대로 자연적 욕망에 지배될 때 그것은 방종의 타율이라고 했다. 그런 것에서 우리는 열반의 생각과 입장을 같이하는 사고 방법을 발견할 수 있을 터이다.

일찍이 붓다는 어떤 경(『상응부경전』 1 : 63 갈애)에서 이렇게 말하였다.

　　세상은 갈애에 의해 인도되고

갈애에 의해 괴로움을 당하는 것.

갈애야말로

일체를 예속시키도다.


붓다가 열반을 말씀할 때, 결국은 이런 예속 없는 상태를 가리키는 것이다. 그것은 결코 공적 무위(空寂無爲)의 소극적인 경지라고 할 수 없다. 거기서 불이 꺼지듯이 소멸되어야 하는 것은 갈애이다. 그리고 번뇌의 불꽃이며, 탐욕과 노여움과 어리석음일 뿐이다. 인간 자체가 여기에서 "소멸하여" 어딘가에 가서 태어나는 것은 아니다. 그는 여전히 여기 이 땅에 있는 것이다. 그를 예속하던 갈애가 소멸됨으로써, 그는 완전한 자유와 안온 속에서 여전히 살아가는 것이다. 진리의 길, 평화의 길을. 그리고 그것이 열반이다.

# 불방일(不放逸)

　"비구들이여, 밤하늘에서 온갖 별들은 빛난다. 그러나 그것들은 달빛의 16분의 1에도 미치지 못한다. 그러기에 달빛은 밤하늘에서 가장 위대하다고 여겨진다. 그것과 마찬가지로 세상에는 여러 길이 있건만, 그것들은 모두 불방일로 근본을 삼는다. 그러기에 온갖 착한 법 중에서 불방일이 최대가 되고 최상이 되느니라.

　비구들이여, 또 가을 하늘에 한 점의 구름도 없을 때, 해는 하늘에 떠올라 일체의 어둠을 쓸어 버리고 눈부시게 시방(十方)[14]에 빛을 던지지 않느냐? 그러기에 가을 하늘에서 해는 가장 위대하다고 일컬어진다. 그것과 마찬가지로 이 세상에 여러

---

14) 동서 남북과 동북·동남·서북·서남·상·하.

가지 길이 있건만, 그것들은 모두 불방일로 근본을 삼는다. 그러므로 온갖 착한 법 중에서 불방일이 최대가 되고 최상이 되느니라."

(『相應部經典』45：146 月 · 147 日)

불방일(appamāda)이라는 말은 아직 우리 말로서는 익숙하지 못하다. 정진(viriya)이라고 하면 다 알지만, 그것과는 뉘앙스가 조금 다르다. 오래 된 경전의 말씀에도 "방일하게 놀았거늘"이라는 표현이 있거니와, 자기를 잊고 자제함이 없이 온갖 욕망에 이끌려 가는 것, 그것이 방일이다 그러므로 불방일이란 그런 상태에 빠지는 일이 없는 자제와 집중과 지속을 그 특징으로 한다고 생각할 수 있을 것이다.

붓다가 설하신 대로 이해하고 그대로 실천함으로써 이미 내심의 어지러움이 없는 자유롭고 편안한 경지에 이르는 것, 그것이 붓다의 가르침이요, 또 붓다가 수범하신 길이려니와, 그것을 행하기란 결코 쉬운 일이 아니다.

곧은 길 설하심을 듣자온 바엔
그 길 가고 물러섬이 없어야 하리.
제가 저를 나날이 채찍질하여
궁극의 경지에 이를지로다.

제자들의 게(운문)를 모은 『장로게경』에도 이런 노래가 보인다. 앞에도 나온바 있는 '소나' 라는 비구가 읊은 것이 이것이다.

그는 극단적인 수행을 감행하여 궁극의 경지에 도달하려고 했으나, 아무리 애써 보아도 실현되지 않아서 걱정과 의혹에 사로잡혔다. 그때 붓다가 거문고 줄의 비유로 그를 타일렀기에, 그는 그 가르침에 의해 차츰 도를 즐길 수 있게 되어 마침내는 열반의 경계를 성취할 수 있었다고 한다.

더 비참한 이야기는 『상응부경전』(4 : 23 구저가. 한역 동본, 『잡아함경』 39 : 11 구저가)에 실려 있는 고디카(瞿低迦)의 경우리라. 그는 라자가하 근처의 어느 바위굴에 있으면서 열심히 수행한 결과 몇 번인가 해탈의 심경을 체험할 수 있었다. 그러나 어찌된 셈인지 그런 경지는 지속되지 못하고 그때마다 원상으로 돌아가곤 하였다. 그런 일을 되풀이하기 여섯 번에 이르러 그는 마침내 칼을 들어 제 목숨을 끊고 말았다는 것이다. 그 경의 서술은 참으로 비통한 기분에 넘쳐 있어서, 오늘도 읽는 사람의 마음을 아프게 하기에 족하다. 그러면 대체 이렇게 열심히 노력하는데도 불구하고 왜 퇴전(退轉)[15]해야 하는 것일까? 『법구경』에 이런 구절이 보인다.

뿌리만 안 상하여 든든하다면
나무는 베어져도 다시 생기며,
애욕을 뿌리째 끊지 않으면
또 다시 되풀이해 고(苦)는 생기리.

---

15) 높은 데서 아래로 떨어지는 것.

나는 이제 고디카의 보기를 들었거니와, 그런 극단적인 경우를 들어서 이 문제를 논한다는 것은 아마도 그리 적당한 일은 아닐 터이다. 극단으로 달려서는 사태를 도리어 그르친다는 것이 원래 불교의 입장인 까닭이다. 그러므로 문제를 더 정상적인 경우로 되돌려 놓고 생각할 때, 후세의 불교인들이 '아비발치(阿鞞跋致, avaivartika, avinivartanīya)'라고 이른 것이 그것이며, 또 '돈(頓)'이니 '점(漸)'이니 논한 것이 그것과 깊이 관련되어 있다고 여겨진다.

'아비발치'라고 하면 처음 듣는 말이라고 하실 분도 많이 있으려니와, 이를테면 신란(親鸞)[16]이 한 번 믿음을 일으켜서 염불하고자 하는 마음이 생길 때, 그 사람은 열반이 약속된 이로서 불퇴(不退)의 자리에 드는 것이라고 한 그것이 바로 '아비발치'이다. 이것은 물론 범어의 음사요, 의역하면 '불퇴' 또는 '불퇴전'이 된다. 불도를 수행하는 과정에서 여기까지 오면 절대로 타락할 염려가 없다는 경지, 그것이 아비발치요, 불퇴의 자리요, 불퇴전지(地)이다.

대체 그러면 사람은 어디까지 가야 전락의 가능성으로부터 완전히 벗어날 수 있는 것일까? 후세의 불교인들은 이것을 놓고 저마다 논한 바 있었지만, 각설이 분분해서 하나의 정론이 나오지는 못했다. 이런 사실을 뒤집어 놓고 보면 불교인마다 불퇴전의 경지를 얼마나 열망하였던지를 알 수 있으며, 또 그럼에도 불

16) 일본 정토진종의 개조(1173~1262).

구하고 가 보아도 그런 경지란 발견되지 않았다는 증거가 될지도 모르겠다. 그렇다면 어느 단계에 오르든간에 고디카처럼 누구나 전락의 가능성은 있다고 하여야 할 것인가? 그 대답은 일단 "그렇다."고 할 수밖에는 없다. 그러나 그 전락을 막는 오직 하나의 보장이 있으니 그것이 바로 불방일이다. 그러기에 붓다는 자주 말하였다.

  "비구들이여, 불방일한 비구라면 팔정도를 배워 익히고, 팔
  정도를 잘 닦아 갈 것임에 틀림없다."

불방일하기만 하면 그 비구는 반드시 팔정도를 익히고, 그것을 반복하여 닦는 중에 마침내는 열반에 도달하리라는 것이다. 또 이렇게도 말했다.

  "비구들이여, 온갖 착한 법은 모두 불방일을 근본으로 하고,
  다 불방일에 의해 이루어진다. 그러므로 불방일을 모든 착한
  법 중에서 최상이라고 말하는 것이다."

그것은 다만 팔정도에 대해서만 이야기하고 있는 것이 아니다. 일체의 선이 모두 이 불방일로 근본을 삼고 불방일에 의해 성립되고 있는 것이니까, 나는 온갖 선 중에서 불방일만이 최상의 것이라고 하는 것이다, 이런 취지겠다. 그리하여 이 장(章)의 첫머리에 인용한 말씀은 마찬가지로 이런 사실을 밤하늘의 달과

가을 하늘의 해에 비유하여 힘을 주어 설한 것임을 알게 된다.

이렇게 불방일을 중시하는 붓다의 입장을 이해한 이 마당에서 꼭 짚고 넘어가야 할 문제가 있다. 그것은 후대의 불교인들이 즐겨 쓴 말이거니와, 그들은 불교의 여러 가르침을 개괄하여 돈교(頓敎)와 점교(漸敎)로 구분했다는 사실이다. 그리고 그런 가르침을 받아들이는 능력에 따라서 돈기(頓機)와 점기(漸機)의 설을 세우기도 했다는 사실이다.

인간의 근기(根機, 소질)는 갖가지이니까 가르침을 듣고 대번에 깨닫는 사람이 있는가 하면, 오랜 시일에 걸쳐 엄청난 노력을 기울인 다음에야 겨우 깨닫는 사람도 있다. 그 전자를 돈기라 하고 후자를 점기라 하는데, 어느 쪽이 좋으냐 하면 물론 돈기가 뛰어나고 점기는 그만 못하다고 보는 것이다.

그들은 또 가르침 자체에도 그런 구별이 가능하다고 보았다. 즉 같은 붓다의 가르침에도 속히 목적지에 도달하게 하는 것이 있는가 하면, 점차적으로 궁극의 경지를 향해 끌어 올리는 것도 있다. 이 중에서 전자가 돈교, 후자가 점교인바 여기서도 돈교가 뛰어난 가르침이고, 점교는 그만 못한 것이라는 것이 후세 불교인들의 일반적인 견해였다.

물론 이런 구분은 대승 불교의 경전까지도 다 붓다가 친히 설한 것이라고 본 데서 나온 것이리라. 그러나 경전을 역사적으로 비판하고 들어가는 우리로서는 진실한 붓다의 가르침이란 『아함경』 이외에는 없다고 보기에 이런 주장에 선뜻 동조하고 나서기가 어렵다. 그러면 붓다는 이 중에서 어느 범주에 속했을까 하고 생각할 때, 아무래도 점교의 부류에 속했을 것으로 보인다. 이미 불방일로 근본을 삼은 바에야 그것을 돈교 속에 넣을 수는 없기 때문이다.

한 경(『중부경전』 107 산수가목건련경. 한역 동본, 『중아함경』 14 산수목건련경)에 의하면, 붓다는 일찍이 사바티(舍衛城)의 교외인 이른바 동원정사(東園精舍)에 있을 때, 한 수학자의 방문을 받은 적이 있다. 그의 이름은 못가라나(目犍連)라고 하였다. 십대 제자의 한 사람인 마하 못가라나(大目犍連)와 구별키 위해 이 경에서는 '산수가 못가라나'라고 불렀다.

이 수학자가 붓다를 찾아와서 먼저 물은 것은 불교에도 순서를 좇아 배워야 할 길이 있느냐는 문제였다.

"대덕이시여, 제가 이 정사까지 오는 데도 거쳐야 할 길이 있으며, 또 저의 전문인 수학도 차례를 좇아 가르치고 있습니다. 세존의 가르치심에도 또한 밟아야 하는 순서라는 것이 있습니까?"

그것은 학자다운 질문이라고 할 것이다. 붓다는 그렇다고 대답했다. 그러고 나서 붓다가 설명한 것은 꽤 길거니와, 요약하면 이런 내용이었다. 먼저 계(戒)를 지킬 것, 그리고 오근(눈·귀·코·혀·피부)을 제어할 것, 다음에 또 정념(正念)·정지(正知)를 성취하여 지혜로써 번뇌를 누르고 온갖 집착과 불선을 떠나 점차 무상 안온의 경지인 열반에 들어갈 것. 그것은 명백히 점진

적으로 도를 성취해 가라는 가르침이었다.

곁들여 말한다면 그 수학자가 이어서 물은 것은 그런 가르침에 의해 지도되는 제자들은 누구나 열반에 이르게 되느냐는 것이었다. 이번에는 붓다가 아니라고 대답했다.

"그것은 또 어째서입니까? 엄연히 열반이 존재하고, 거기에 이르는 길이 있으며, 또 세존께서 스승이 되어 계신데, 어떠한 이유로 이르는 사람이 있고, 이르지 못하는 사람이 있는 것입니까?"

여기서 붓다가 잘하는 반문이 시작되었다.

"그러면 벗이여, 그대에게 라자가하에 이르는 길을 묻는 사람들이 있다 하자. 그대는 아마도 그들을 위해 자세히 길을 일러 주리라. 그러나 어떤 사람은 무사히 라자가하에 이르고, 어떤 사람은 길을 잘못 들어 엉뚱한 곳을 헤매기도 할 것이다. 그것은 어째서 그렇겠는가?"

"대덕이시여, 저는 길을 가르쳐 줄 따름입니다. 그것을 제가 어찌할 수 있겠습니까?"

"벗이여, 그대의 말대로 열반은 엄연히 존재하고, 거기에 이르는 길도 있으며, 내가 스승 노릇을 하고 있음도 사실이다. 그러나 제자 중에는 열반에 이르는 사람도 있고, 이르지 못하는 사람도 있다. 그것을 내가 어찌할 수 있겠는가? 나는 오직 길을 가르쳐 주는 이에 불과한 것이다."

  아마도 이 마지막 말씀 같은 것은 좀 차갑다고 느끼는 사람도 있으리라고 생각한다. 그러나 이것을 뒤집어 놓고 보면, 여기에는 붓다의 진면목이 드러나 있다는 것을 알게 된다. 나아가서 불교 자체의 본질도 알아차릴 수 있는 것이겠다.

  "나는 오직 길을 가르쳐 주는 이"라는 말씀을 뒤집어 놓고 볼 때, 붓다는 결코 전지 전능의 구제자가 아님이 명백하다. 또 신과 사람 사이를 연결시켜 주는 중개자도 아님을 알 수 있다. 따라서 믿음을 고백하고 이 사람(붓다)만 예배하면 그것으로 구원된다고는 생각할 수 없다. 붓다의 진면목은 스스로 인생의 과제를 해결하고 정도를 실천하면서 그것을 사람들에게 알려, 너희도 이렇게 인식하고 이렇게 실천하여 열반의 경지에 도달하라고 가르치는 데 있는 것이다. 그런 뜻에서 붓다의 진면목은 도사(導師)인 점에, 즉 지혜와 실천의 선구자요 안내자인 데에 있다고 하겠다.

  따라서 결국 그 지혜와 실천에 대한 책임은 붓다가 아니라 그를 따르는 사람들 개개인에게 돌아갈 수밖에 없다. 눈을 떠서 존재의 진상을 보는 것은 그들 자신이어야 하며, 마음을 다해 진리의 길을 걸어가는 것도 그들 자신이어야 한다. 일찍이 붓다는 성구(聖句)를 외는 사람을 비판하여 "남의 소를 세는 것 같다."고 한 적이 있다. 자기 자신이 지혜의 눈을 뜨지 않는다면 결국 아무것도 되지 못하는 것이다. 이런 사실에 대해 만년의 붓다는 자주 다음과 같이 설하여 제자들을 격려하기도 했다.

"너희는 이에 자기를 섬으로 삼고 자기를 의지처로 삼아, 남
을 의지처로 하지 말며, 또 법(진리)을 섬으로 삼고 법을 의지
처로 삼아, 남을 의지처로 하지 말라."

여기서 섬(dīpa)이라고 한 것은 강의 한가운데 또는 바다의 섬
을 가리키는 말이어서, 모든 것이 유전(流轉)하는 한가운데에서
의지할 수 있는 곳을 가리킨다. 그러므로 이 말씀의 요지는 확고
한 의지처란 자기 자신과 법밖에 없다는 것이다. 한 걸음 더 나
아가서 말한다면 법에 의해 제어되는 자기, 그것밖에는 이 세상
에서 의지할 곳이 없다는 뜻이다. 이런 것에 대해 『법구경』에서
는 다음과 같이 서술하고 있다.

자기의 의지처는 자기뿐이니
저 밖에 또 무엇을 의지하리오.
자기가 잘 조어되는 때
얻기 힘든 의지처를 얻으리로다.                    (160)

불교란 본래가 이런 가르침이다. 이것을 현대적인 개념으로
나타낸다면 붓다가 설하신 것은 결국 자기 형성의 길이라고 할
수 있다. 그리고 자기 형성의 길에는 이것이면 그만이라는 따위
의 한계는 없는 것이므로, 우리는 자제와 집중과 지속을 가지고

일생 동안 걸어가야 하는 것뿐이다. 저 사라쌍수 밑에 누워 장차 크나큰 죽음(대반 열반)에 들려던 붓다가 그 제자들에게 남기신 최후의 말씀은 『대반열반경』 속에 다음과 같이 전해 온다.

　"그러면 비구들아, 나는 너희에게 이르리라. 모든 것은 변화 하느니라. 불방일하여 정진하도록 하라."

# 문답식

　"소나여, 어찌 생각하느냐 색(물질)은 불변하는 것이겠느냐, 변화하는 것이겠느냐?"

　"대덕이시여, 변화하는 것입니다."

　"만약 변화하는 것이라면, 괴로움이겠느냐, 즐거움이겠느냐?"

　"대덕이시여, 괴로움입니다."

　"만약 변화하고 괴로운 것이라면, 그것을 관찰하여 '이는 내 것이다, 이는 나다, 이는 나의 본질이다.' 라고 할 수 있겠는가?"

　"대덕이시여, 그럴 수는 없습니다."

(『相應部經典』22 : 49 輪屢那. 漢譯同本,『雜阿含經』1 : 30 輪屢那)

붓다는 매우 자주 문답으로 제자들을 이끌어 갔다. 그런 몇 가지 보기를 앞에서도 든 바가 있거니와, 나는 이 문제와 관련시켜 붓다에 대해 조금 더 이야기해 볼까 생각한다. 왜냐하면 이런 문답에는 지혜의 스승으로서 붓다의 면목이 참으로 선명하게 반영되어 있는 까닭이다.

그 점에서 붓다와 예수 그리스도는 재미있는 대조를 보여 주는 것 같다. 예수는 별로 문답을 쓰지 않았다. 그는 자기가 신념으로서 지니고 있는 것을 그대로 상대에게 쏟아 놓아 "저것이냐 이것이냐."의 선택을 사람들에게 요구했다. 그런 방식이 예수의 설교의 특징이었다. 복음서는 때로 바리새인과의 문답 같은 것도 전하고는 있으나, 그런 때에도 예수는 역시 의연한 자세로 자기의 소신 그대로를 가지고 대답하고 있을 따름이다.

그에 비하여 붓다는 매우 자주 문답을 설법 방식으로 썼을 뿐 아니라, 그 문답도 대개의 경우는 꽤 긴 것이 특징이라면 특징이라고 하겠다. 그런 문답을 통해 붓다는 차차 상대를 인도하여 스스로 어떤 결론에 이르게 하곤 하였다. 앞에 나왔던 문답의 경우를 생각해 보자. 가령 바차라는 외도가 열반에 관해 빗나간 질문을 했을 때, 붓다는 불을 비유로 들어 문답을 거듭하는 중에 어느덧 열반의 개념에까지 이끌어 들였던 것이다. 또 어떤 비구가 맹렬한 수도 생활을 계속하는데도 목적을 실현하지 못해서 비관하고 있다는 것을 알자, 붓다는 그를 찾아가서 거문고를 비유로 들어 문답을 시작했다. 재가 시절 거문고를 잘 뜯었다는 그 비구는 거문고에 대한 붓다의 물음에 대답해 가다가 보니, 저도 모르는 사이에 중도(中道)의 이념을 이해하게 되었던 것이다. 그런 문답을 읽고 있노라면, 나는 왜 그런지 소크라테스 생각이 들곤 한다.

하기야 붓다와 소크라테스를 나란히 세워 놓고 볼 때, 여러 가지 면에서 아주 유사한 점이 발견되는 것 같다. 두 사람 다 믿는 사람이라고 하기보다는 생각하는 사람이었음이 확실하다. 유럽의 사상가들은 흔히 소크라테스를 '인류의 스승'이라고 하지만, 그런 칭호는 그대로 붓다에게도 해당된다고 할 수 있다. 그도 또한 가르치고 이해시키고 신념을 갖게 하고, 또 실천을 하게 한 사람이었기 때문이다. 이런 스승이었던 까닭에 소크라테스처럼 붓다도 그 제자를 가르치는 방법으로 자주 문답 방식을 채택했던 것이다. 그런 문답에 대해 우리는 몇 가지 실례를 보았으므로, 여기서는 약간 특수한 문답을 보기로 들어 놓았다. 이 장(章)의 첫머리에 소개한 것이 그것이다.

이 문답의 상대는 앞서 거문고의 비유로 가르침을 받은 적이 있는 소나이거니와, 붓다로부터 이런 질문을 받은 것은 그 한 사람만은 아니었다. 『상응부경전』이나 한역의 『잡아함경』을 조사해 보면, 몇십 회에 걸쳐 같은 양식의 문답이 붓다와 제자들 사이에서 되풀이되었음을 알 수 있다. 즉 붓다는 같은 문답 양식을 자주 제자들에게 적용시켰는데, 그럼으로써 일종의 '교리 문답'이 성립되었던 것 같다.

그 문답식은 얼른 알 수 있는 바와 같이 무상―고―무아로 연결되는 그런 성질의 것이었다. 붓다는 어떤 때에는 설법에 곁들여 그 자리에 있는 비구에게 그것을 시험해 본 적도 있다. 또 어떤 때에는 이제부터 좌선하기 위해 산중으로 들어가려는 비구에게 그런 질문을 하여 대답을 하게 한 일도 있다. 그 제재(題材)는 때로 오온(인간을 구성하는 다섯 요소)이기도 했다. 즉 색(물질, 육체)·수(감각)·상(표상)·행(의지)·식(의식)에 관한 것이다. 또 어떤 경우에는 육처(감각 기관)를 다루기도 했다. 즉 눈·귀·코·혀·몸·마음과 그 대상에 관한 문제였다. 이런 것을 소재로 하여 이를테면 네 눈은 영원한 것이냐 무상한 것이냐고 물었으며, 또 네 눈의 대상은 영원한 것이냐 무상한 것이냐고 따졌던 것이다. 또 앞에 인용한 문답같이 네 색(육체)은 영원이냐 무상이냐라고 묻기도 했다. 그런 붓다의 질문에 대해 경이 전하는 한에서는 어느 비구나 다 거기에 알맞은 대답을 하고 있거니와, 그것은 당연한 일인지도 모른다. 그런 물음에는 누구라도 그렇게 밖에는 대답할 수 없기도 했겠지만, 이 무상—고—무아로 연결되는 사고 방식은 붓다의 가르침의 기본적인 성격이었던 까닭일 것이다. 이것을 고쳐 생각해 보면 붓다는 그 제자들이 이런 기본적인 가르침을 이해하고 있는지 어떤지를 문답을 통해 끊임없이 시험해 보았던 것으로 여겨진다.

여기서 생각나는 것은 후세의 불교인들이 주장한 '삼법인(三法印)' 또는 '사법인'이다. 법인(dharma-uddāna)이란 바른 법의 표라는 정도의 뜻이어서, 불교가 그 밖의 종교나 사상과는 다른 중요한 특징을 섭송(攝頌), 즉 짧은 운문으로 나타낸 것이다. 이제 그것을 한역에 의해 표시하면 다음과 같은 것이 된다.

1) 제행 무상(諸行無常)

2) 제법 무아(諸法無我)

3) 열반 적정(涅槃寂靜)

이것이 이른바 삼법인이다. 여기에 다시

4) 일체 개고(一切皆苦)

를 추가해서 사법인이라고 일컫는 수도 있다. 후세에서 불교를 말하는 사람들은 불교의 사상적 성격을 설명하는 경우, 흔히 이 삼법인이나 사법인을 들었다. 따라서 오늘날 불교를 어느 정도 알고 있는 사람이라면 대개 이에 대해 들은 바가 있을 터이며, 그렇게 유명해진 만큼 이 삼법인 또는 사법인으로 나타난 불교 파악은 아주 요령 있는 것이라고 할 만하다.

먼저 제행 무상이란 불교가 내세우는 존재론이다. 물론 그 밑받침이 된 것은 앞에서 설명한 연기(緣起)의 법칙이다. 일체의 존재는 서로 어떤 의존 관계에 있으며, 그것들은 여러 조건의 결부에 의해 생겨났고, 그 조건이 없어지는 데 따라 소멸한다는 것이 연기설인바, 그것을 단적으로 표현한 것이 이 제행 무상이라고 할 수 있다.

다음으로 제법 무아란 불교가 주장하는 인간론으로서 그것을 뒷받침하는 것은 제1 명제인 무상관이다. 일체가 무상하다면 영원 불변하는 자아 같은 것은 생각할 수 없는 까닭이다. 말하자면

'제행 무상'의 존재론을 배경으로 하여 인간 또한 무상하다고 결론을 내린 것이 이 인간관이라고 할 수 있다.

그리고 셋째 명제인 열반 적정은 불교가 이상적인 경지라고 여기는 열반을 가리킨다. 이것을 목적론 또는 행복론이라고 하여도 되리라.

그런데 이 삼법인에는 붓다가 그처럼 역설했던 고(苦)에 대한 주장이 빠져 있다. 즉 이 인생을 어떻게 관찰할 것인가 하는 소견이 없는 것이다. 그래서 일체 개고의 명제를 세워, 이것을 삼법인에 추가하면 사법인이 되는 것이다.

이 삼법인 또는 사법인의 개념은 앞에서도 말한 바와 같이 후대의 불교인들에 의해 다른 종교에 대한 불교의 특징을 해명하고자 해서 정비된 것으로 보인다. 그러면 붓다 자신은 불교의 기본적인 성격에 대해 어떻게 생각하고 있었을까? 추측하건대 그것은 다름 아니라 앞의 문답에서 사용되었던 무상—고—무아의 계열이었다고 여겨진다. 그것은 이제까지 별로 지적하는 학자가 없었던 듯하지만, 나는 목소리를 높여 이 사실에 대해 주의를 환기하고 싶은 것이다.

그러면 이 무상—고—무아의 계열과 앞에서 설명한 사제의 체계는 어떤 관계에 있는 것일까? 이미 말한 바와 같이 사제의 체계란 붓다가 그 가르침의 뼈대가 되는 것이라고 하여, 이것만 알고 있으면 된다고 자주 제자들에게 역설한 가르침이다. 사실이 또 그러해서 이것을 알고 이것만 실천한다면, 붓다의 제자로서 뜻한 바 목적을 달성할 수 있을 것임에 틀림없으리라. 그 밖의 것을 가지고 이러니 저러니 번거롭게 생각하는 것은 도리어 방해가 될지도 모르겠다. 그러나 사제법은 어디까지나 실천의 체계이므로, 적어도 그 표면에는 붓다의 존재론이나 인간론은 나타나 있지 않음이 사실이다. 그것들은 그 체계의 밑바닥에 깔려 있을 뿐이다. 그래서 붓다의 가르침을 실천 체계로서가 아니라 사상의 체계로서 나타낸다면 어떻게 되느냐가 문제가 되는 바, 그것이 무상―고―무아의 사상 계열로 여겨지는 것이다.

그 제1 항목은 존재에 대한 해석이요, 제2 항목은 인생을 해석한 결론이다. 그리고 셋째 것은 인간 해석에 대한 붓다의 주장을 표명한 것이라고 보인다. 그렇다면 후세 불교인들의 손에 의해 이루어진 삼법인 또는 사법인의 주장은 이런 붓다의 사상을 고스란히 계승한 것이라고 하지 않을 수 없다. 따라서 붓다가 제자들을 상대로 문답한 이 내용은 불교의 기본적 성격을 형성하는 것으로서 매우 중요한 뜻을 가진 것임을 알게 된다.

그리고 붓다의 문답에 또 하나 재미있게 생각되는 것은 붓다가 이런 문답식을 자주 응용 문제의 형태로 비구들에게 시험하고 있다는 사실이다. 이를테면 어느 경(『상응부경전』 22 : 151 아)은 이런 문답을 전해 주고 있다.

"비구들아, 무엇이 있음으로 말미암아, 무엇에 집착함으로 말미암아, 무엇을 탐함으로 말미암아 아견(내가 있다는 생각)은 일어나겠느냐?"

현명한 독자는 곧 이해하실 줄 믿거니와, 이 질문은 무상—고—무아의 문답식을 거꾸로 하여 대답해야 될 성질의 것이다. 그런데 저 문답식에서는 거침 없이 대답하던 비구들도 이 응용 문제에는 반드시 그렇지만은 못했던 것 같다. 이 밖에도 비슷한 질문의 보기가 몇 가지 나와 있으나, 거기서 그들은 대답이 막혀 붓다의 가르침을 청하기도 하였다.

"대덕이시여, 세존께서는 우리 법의 근본이시며, 우리 법의 안목이십니다. 원컨대 우리를 위하여 그를 설하시옵소서."

이것이 답변에 막힌 제자들이 그 가르침을 청할 때에 말하는 유형화된 표현이었다. 붓다는 그 청에 따라 다음과 같이 해답을 설해 주었다.

"비구들아, 색(물질)이 있음으로 말미암아, 색에 집착함으로 말미암아, 색을 탐함으로 말미암아, 아견은 일어나느니라. 또 수(감각)가 있음으로 말미암아, 상(표상)이 있음으로 말미암아, 행(의지)이 있음으로 말미암아, 식(의식)이 있음으로 말미암아, 그것들에 집착하고 탐함으로 말미암아 아견은 일어난다고 알아야 되느니라."

이렇게 설한 붓다는 다시 한 번 그 문답식으로 돌아가서 비구들에게 묻는 것이 상례였다.

"그러면 비구들아, 너희는 어찌 생각하느냐? 색은 영원하겠
느냐, 무상하겠느냐?"

"대덕이시여, 무상하나이다."

이리해서 앞에 인용한 것과 같은 문답식이 반복되어 갔다. 이
문답식이 되면 제자들은 막히는 일이 없이 아주 잘 대답할 수 있
었다. 그것은 아마 이 문답식을 평소에 배워 익히고 있었던 까닭
일 것이다. 이런 문답식 교육은 이 문제에만 한한 것이 아니었
다. 이를테면 '사제' 같은 것에 대해서도 그들은 잘 외고 있어
서, 붓다가 물을 때에는 언제나 "이는 고(苦)이다." "이는 고의
발생이다" "이는 고의 멸진이다." "이는 고의 멸진에 이르는 길
이다." 라고 거침없이 대답할 수 있었다.

이런 문답식에 대해서는 지금까지 별로 주목한 학자가 없는
듯하다. 주의해서 잘 읽어 보면 지혜의 스승으로서의 붓다의 진
면목은 이런 곳에 도리어 선명하게 나타나 있는 듯하다.

# 3. 그 실천

# 착한 벗

"비구들이여, 너희는 아침에 해가 뜨는 모양을 잘 알고 있으리라. 해가 나올 때가 되면 먼저 동쪽 하늘이 밝아지고, 그 다음에 빛이 눈부시게 발산되면서 해가 솟는다. 즉 동녘 하늘이 밝아짐은 해가 뜰 선구요 전조이다. 비구들이여, 그것과 마찬가지로 너희가 성스러운 팔정도를 일으키는 데도 그 선구가 있고 전조가 있나니, 그것은 착한 벗과 사귐이니라.

비구들이여, 그렇기에 착한 벗을 가지고 있는 비구라면, 그가 마침내 성스러운 팔정도를 배우고 익혀서 그 공을 쌓게 되리라는 것을 기대할 수가 있느니라." （『相應部經典』 45 : 49 善友）

이 아함부 경전 중에는 이렇게 착한 벗에 대해 말한 경이 여러 개가 보인다. 또 하나 들어 본다면, 붓다는 더 간명 솔직하게 이렇게 설한 적도 있다. 이것은『상응부경전』에 보이는 역시 '선우'라는 경의 첫머리에 나오는 글이다.

　"비구들이여, 여기에 한 법이 있나니, 성스러운 팔정도를 일으킴에 이로움이 많도다. 그 한 법이란 무엇인가? 그는 착한 벗이니라.
　비구들이여, 착한 벗을 가진 비구는 성스러운 팔정도를 배우고 익혀서 그 공을 쌓게 될 것이 기대되느니라."

　나는 스스로 불민함을 고백하는 것으로 이 글을 쓰기 시작하여야 하겠다. 나는 이런 경들을 가볍게 읽고 오랫동안 그 속에 숨어 있는 깊은 뜻에 생각이 못 미쳤기 때문이다. 그런데 언젠가 시세로의『우정에 대해서』를 읽다가 갑자기 깨달은 바가 있어서, 그로부터 나는 '착한 벗'에 대해 말하는 이런 경전들의 뜻을 어느 정도라도 이해하게 되었던 것이다. 시세로(Cicero, Marcus Tullius, B.C. 106~43)는 로마의 철학자로서 기원전 2세기에서 기원전 1세기 사이에 생존했던 사람이다. 그의 조그마한 저서『우정에 대해서』는 그리스나 로마에서의 아리따운 우정의 실례를 많이 들고, 또 우정에 최고의 찬사를 바친 책이다. 이를테면

　"벗은 눈앞에 있지 않을 때도 거기에 있으며, 가난해도 풍족하고, 허약해도 건강하고, 또 한결 말로 나타내기 어렵거니와, 죽었다 해도 살아 있는 것과 같다."

는 따위의 표현이 그 전권을 채우고 있다. 그런데 나는 그러한 우정의 실례와 그것에 대한 찬사를 읽다가 뜻하지도 않은 사실에 눈을 뜨게 되었던 것이다. 그것을 나는 이제 '우정의 역사'라고 부르고자 한다. 우정이 인류의 역사 속에서 맡아 온 구실이라는 정도의 뜻이다.

대체 인류의 세계에서 우정이라는 덕목(德目)이 생겨난 것은 언제부터일까? 나는 우정에 대한 새 사실에 눈뜨기 이전에는 지금껏 그런 일을 생각해 본 적도 없다.

"벗의 슬픔에 나는 울고, 내 즐거움에 벗도 춤춘다."

그것은 필시 인간의 역사와 함께 시작된 일일 것이라고 무작정 생각하고 있었다. 그러나 곰곰이 생각해 보면, 인류가 아직 부족 제도에 매여 있던 시대에는 혈연에 의한 연결이 전부여서 우정이 생겨날 여지는 없었을 것임에 틀림없다. 설사 있었다고 해도 인류의 역사 속에서 큰 구실을 담당했으리라고는 믿어지지 않는다.

그러면 우정이라는, 혈연과 관계 없는 인간적 결합이 생기기 시작한 것은 언제였을까? 그것은 대개 기원 전 6~5세기 무렵이 아니었나 생각된다. 플라톤(Platon, B.C. 427~347)이 그 『대화편』에서 화려한 말로 우정에 대해 이야기했던 것도 그때였으며, "한 명의 진정한 벗은 만 명의 친척보다 소중하다."고 그리스 인 사이에 인식되기 시작한 것도 이 무렵이었다. 그리고 시세로가 그리스와 로마의 아리따운 우정에 대해 기록하여 그것에 최고의 찬사를 바친 것도 그로부터 얼마 지나지 않은 세기에서 있었던 일이다.

그리고 이런 일이 그리스나 로마에서만 일어났던 것은 아니다. 그와는 멀리 떨어진 극동에서도 저 공자가

"벗이 있어 먼 데로부터 오니, 또한 즐겁지 않은가!"

라는 말을 『논어』에 남긴 것도 역시 그 무렵이었다. 그리고 이제 붓다가 '착한 벗'에 대해 힘을 주어 비구들에게 설한 것도 역시 같은 세기에 일어났던 일임에 틀림없다. 여기에 생각이 미쳤을 때, 나는 무엇인가 느끼는 바가 있어서 '착한 벗'에 관해 실린 경들을 다시 주의하여 가며 읽어 보지 않을 수 없었던 것이다. 그랬더니 거기에서는 이제껏 전혀 눈치채지 못했던 새로운 뜻이 뒤를 이어 끊임없이 샘솟아 나왔다. 이 '착한 벗'에 관계되는 경들에는 내게는 그런 추억이 담겨 있는 것이다.

그러면 어째서 이 시기에 이르러 우정이라는 덕목이 갑자기 그 모습을 나타내게 된 것일까? 그 이유를 캐기란 나에게 그리 어려운 일은 아니었다. 왜냐하면 그 몇 세기의 그리스나 로마나 인도나 중국에 새로 나타난 공통적인 현상을 찾는다면, 그것이 바로 열쇠 노릇을 하여 줄 것이기 때문이다. 그렇다면 그들 국가 사이에 공통되는 새로운 현상이란 무엇인가? 그것은 다름 아닌 도시 국가의 출현이라는 것이 나의 견해이다.

이제 여기에서 고대의 도시 국가, 이를테면 그리스 인이 말하는 폴리스(polis)에 대해 자세히 논한다는 것은 이 책의 주제에서 멀어지는 일이 될 것이다. 그러므로 극히 간략한 언급밖에는 시도할 겨를이 없거니와, 어쨌든 로마·아테네·라자가하 또는 사바티 같은 곳의 구조나 생활을 생각해 볼 때, 대략 이런 말을 할 수 있을 것 같다. 그런 도시들은 모두가 성벽으로 에워싸여 있었고, 그 속에서는 수많은 시민들이 함께 생활하고 있었다. 그런 시민들은 물론 동일 부족만은 아니었다. 로마의 경우는 세 부족에 속하는 사람들이 한 곳에 살았고, 아테네로 말하면 네 부족이 모여서 그 폴리스를 형성하고 있었다. 따라서 그런 생활 무대에서는 부족 중심의 생활 대신 시민 사회의 생활이 새로 등장하는 것이 필연적인 추세였다. 이것은 역사가 자세히 말해 주고 있지만, 여기에 이르러 혈연에서 말미암지 않은 인간의 정신적 결합이 비로소 인류의 역사에 크게 떠올랐던 것이라고 하겠다.

이제 눈을 돌려 붓다 시대의 인도를 자세히 살펴볼 때, 그 사회 구조는 고대의 로마나 그리스와 아주 유사했다고 할 수 있다. 거기서도 새로이 몇 개의 고대 도시가 생겼는데, 그 중에서도 라자가하나 사바티 같은 곳이 정치적·경제적으로 가장 번영을 자랑했던 것 같다. 그리고 이 도시들이야말로 붓다가 주로 활약한 무대이기도 했던 것이다. 물론 붓다에게 귀의한 대부분의 신자도 이런 도시 사람들이었을 것이 쉽게 예상된다. 이런 사실을 배경으로 하여 생각해 보면, 붓다가 '착한 벗'의 가치를 이상하리만큼 역설한 까닭이 조금씩 이해되는 것이다.

불교 내부에서도 혈연 아닌 인간과 인간의 결합이 큰 구실을 하고 있었다. 그것은 바로 붓다의 교단(教團)이다. 누누이 말한 바와 같이 붓다의 교단에서는 그 출신이나 혈통의 구별이 전혀 인정되지 않았다. 한 경(『증지부경전』 8 : 19 파하라다. 한역 동본, 『증일아함경』 42 사수륜)은 그것에 대해 다음과 같은 붓다의 말씀을 전하고 있다.

"여러 강이 있어서 각기 강가 · 야무나 · 아치라바티 · 사라부 · 마히라고 불리거니와, 그것들이 한번 바다에 이르고 나면, 그 전의 이름은 없어지고 오직 대해라고만 일컬어진다. 그와 마찬가지로 크샤트리아 · 브라만 · 바이샤 · 수드라의 네 계급도 일단 법과 율을 따라 출가하고 나면 예전의 계급 대신 오직 사문이라고만 일컬어지느니라."

불교의 교단 안에서는 모든 사람이 평등하다. 그들도 재가 시절에는 저마다 가문과 혈통이 있었을 것이지만, 일단 붓다의 교단에 들어온 이상에는 그런 사회적 신분 관계는 모두 불식되어 모든 사람이 평등한 대우를 받게 되는 것이다. 그것은 마치 여러 강물이 바다에 이르고 나면 오직 '바다'로만 불리는 것과도 같다는 것이다. 따라서 붓다의 교단에는 계급도 없고 통솔자도 없고 또 통솔 받는 사람도 없었다. 주목해야 될 것은 그 속에서는 붓다라고 해도 예외가 아니었다는 사실이다.

물론 이 가르침은 붓다에 의해 깨달아지고, 붓다에 의해 설해진 것임에 틀림없다. 만약 붓다가 나타나서 정각을 성취하지 않고, 법을 설하여 이 길을 나타내 보이지 않았더라면, 사람들은 마침내 이 법을 모르고 또한 이 길을 갈 수 없었을 것이다. 그렇다고 해서 앞에서도 말한 바와 같이 이 길은 붓다 그 사람에 의해 만들어진 것은 아니다. 이 법(진리)은 태고부터 있었고, 이 길은 영겁에 걸쳐 존재하고 있는 것이다. 붓다는 그것을 발견하고 가르쳐 주는 사람에 지나지 않는다. 따라서 붓다 자신도 또한 이 길을 걷고 있는 사람의 하나이다. 그도 역시 서로 손을 잡고 같은 길을 걸어가는 동행의 한 사람인 것이다. 붓다는 이 사실을 명확히 자각하고 있었다. 그리하여 자주 그 제자들에게

"너희는 나를 좋은 친구로 삼음으로써, 늙어야 할 몸이면서도 늙음으로부터 벗어날 수가 있다. 병들어야 할 몸이면서도 병으로부터 벗어날 수가 있다. 죽어야 할 몸이면서도 죽음으로부터 벗어날 수가 있다. 고뇌와 우수를 지닌 몸이면서도 고뇌와 우수로부터 벗어날 수가 있다."

고 설하였던 것이다.

거기에는 삼가(saṃgha)라고 불리는 불교 교단의 기본적 성격이 가장 구체적으로 나타나 있는 것 같다. 그것과 대조하기 위하여 이를테면 기독교 교단의 구조를 생각해 보자. 거기에는 우선 그 교도들이 은총을 구하고 구제를 기원해야 하는 전능한 신이 있으며, 다음으로 그 신이 파견했다고 생각되는 예수 그리스도

가 신과 인간 사이의 중개자로서 존재하고 있다. 그리하여 그 교도들은 그런 절대적 권위 앞에 서 있는 것이다. 그러나 불교에서는 머리 숙이고 빌어야 할 어떤 대상도 없다. 거기에서는 모든 성원이 오직 법의 증지(證知)와 실천이라는 한 가닥의 길을 같은 방향으로 걸어가고 있을 따름이다. 그 선두에는 붓다가 선구자의 자격으로 서 있어서 "너희들도 오라."고 손짓하고 있는 것뿐이다. 이리하여 그 뒤를 따르고 그 수범에 힘입어 오직 자기 형성의 길을 걸어가는 것, 이것이 불교요 삼가(僧伽)인 것이다.

이런 불교 교단의 성격을 곰곰이 생각할 때, 붓다가 '좋은 벗'의 소중함을 역설한 까닭이 차차 이해되어 오는 것처럼 여겨진다. 거기에는 은총을 드리울 신도 없고, 믿고 의지할 중개자도 없거니와, 그 대신 손짓하여 부르는 붓다의 수범이 있고, 힘이 되어 주는 좋은 벗의 큰 격려가 있는 것이다. 그리하여 붓다조차 좋은 벗의 하나라는 것을 명확히 이해할 때, 불교의 진정한 면목을 파악한 것이 되는 줄 안다.

한 경(『상응부경전』 45 : 2 반. 한역 동본, 27 : 15 선지식)에 의하면 아난다(阿難)는 붓다에게 이와 같이 물은 적이 있다.

"대덕이시여, 곰곰이 헤아려 보매, 착한 벗이 있고 착한 동지와 함께 있다는 것은 이 성스러운 길의 절반에 해당한다 생각됩니다. 이런 소견은 어떻겠습니까?"

그도 또한 스승이 말씀하는 바를 늘 듣고 있었으므로, 벗의 소중함에 대해 꽤 많이 이해한 듯이 생각하였다. 그래서 그 소견을 말하여 붓다의 판단을 구한 것이다. 그러나 붓다는 이렇게 말씀했다.

"아난다여, 그것은 잘못이다  아난다여, 그렇게 말해서는 안 된다. 아난다여, 착한 벗이 있고 착한 동지와 함께 있다는 것은 이 성스러운 길의 전부이니라."

아마도 그것은 아난다로서는 뜻밖의 말씀이었을 것임에 틀림없다. 그는 착한 벗의 뜻을 곰곰이 생각한 끝에, 그것이 '이 길의 절반'에 해당한다고 하면 지나치지 않을까 주저하면서 이 질문을 했던 것이겠다. 그런데 붓다의 판단은 그것으로도 아직 부족하다는 것이다.

하기야 붓다의 제자 중에도 같은 문제에 관해 그것은 '이 길의 전부'라고 해도 되겠느냐고 물은 사람도 있기는 있었다. 사리불의 경우가 그렇다.

"옳거니 사리불이여, 옳거니 사리불이여. 그 말이 옳으니라. 착한 벗이 있고 착한 동지와 함께 있다는 것은 바로 이 성스러운 길의 전부이니라."

이것이 찬탄의 말씀과 함께 사리불에게 내린 붓다의 판단이었다. 『상응부경전』45 : 3 '사리불'이라는 제목의 경이 전해 주는 이야기이다.

　돌이켜 보건대 나는 이 장(章)을 내 불민함에 대해 고백으로 시작하여야 했다. 나는 아직도 붓다의 '착한 벗'에 관한 사상의 뜻을 그 '절반'도 이해하지 못하고 있는 것인지도 모르겠다.

　그러나 나도 또한 아난다나 사리불의 전례를 따라 한 가지 물음을 붓다 앞에 내놓고 싶다.


　"대덕이시여, 삼가(교단)란 우정의 교단이라고 말한다면 어떻겠습니까?"

# 정사(精舍)

공양이 끝나자 빈비사라 왕은 속으로 생각했다.

'세존께서 거처하실 곳으로는 어디가 알맞을까? 그곳은 도시에서 멀지도 가깝지도 않고, 왕래하는 데 편리하여서 법을 구하는 모든 사람들이 가기가 쉬워야 하겠다. 그리고 낮에는 번거롭지 않고 밤에도 시끄럽지 않아서, 한가히 있으면서 명상하기에 적당한 곳이라야 한다.'

그렇게 생각하다가 왕은 저 베루바나(竹林園)가 그 조건에 들어맞음을 발견했다. 왕은 물병을 들어 세존의 손에 물을 부으면서 말했다.

"나는 세존을 비롯한 비구의 대중에게 베루바나를 기증하고 싶습니다. 원컨대 받아 주시옵소서."

붓다는 잠자코 이를 받으셨다.

붓다와 그 제자들의 일상 생활을 될 수 있는 한 구체적으로
이해하기 위하여, 정사(精舍)에 대한 것을 약간 서술해 보고자
한다.

붓다와 그 제자들의 정사로서 맨처음에 이룩된 것은 이른바
죽림정사이며, 그것을 기증한 사람은 마가다 국의 빈비사라 왕
과 그 나라의 어느 부자였다. 빈비사라 왕과 붓다는 그 전부터
아는 사이였다. 붓다가 라자가하 근처에서 수행하고 있던 무렵,
그 모습을 멀리서 본 왕은 붓다를 판다바산 바위굴 속으로 찾아
가서 벼슬하기를 권한 적이 있다. 그런데 이제 자자한 소문에 의
하건대 그 수행자는 최고의 진리를 깨달음으로써 붓다가 되었다
고 하지 않는가. 경은 그것을 이렇게 써 놓았다.

"사문 고타마는 샤카족의 아들로 출가하여 이 서울 교외에
살고 있다 한다. 명성이 매우 높아서, 세상의 존경을 받을 만한
사람(應供)·최고의 깨달음을 얻은 사람(正覺者)·인천의 스
승(人天師)이라 일컬어지며, 그 설하는 법은 처음도 좋고 중간
도 좋고 끝도 좋고, 조리와 표현을 아울러 갖추었으며, 원만하
고 청정한 범행(梵行)을 가르친다 한다. 이런 성자를 뵙는 사람
은 참으로 다행이다."

왕은 이리하여 곧 붓다를 찾아가서 설법을 듣고 신자가 되었

다. 그리고 다음날에는 붓다와 그 제자들을 초청해서 정성껏 공양하기를 잊지 않았다. 앞에 인용한 일절은 그 공양이 끝난 다음에 왕이 베루바나를 기증하겠다고 신청하는 장면을 서술한 글이다. 이렇게 왕이 기증한 땅에 라자가하의 부호가 집을 지어 바침으로써 불교 최초의 정사가 완성되기에 이르는 것이다. 그런데 내가 여기서 그 일절을 인용한 것은 그것이 정사의 환경에 대한 기본적인 조건을 말하고 있다고 생각된 까닭이다.

그것은 첫째로 도시의 교외, 즉 거리로부터 멀지도 가깝지도 않은 곳이 적당하다고 되어 있다. 붓다의 가르침을 받고자 하는 사람이라면 누구나 가기 쉽게 하여 주기 위해서이다. 그리고 둘째로는 붓다나 제자들이 고요히 살면서 명상하는 데 어울리는 곳이라야 한다는 점이다. 이것은 절이 산중 깊숙이 들어가 있거나, 아니면 거리 속에 묻혀 있거나 한 오늘의 현실에서 볼 때, 시사하는 바가 크다고 하겠다. 그것은 어쨌든 그런 장소란 그렇게 흔할 수는 없는 노릇이다. 그리하여 심사 숙고한 끝에 베루바나가 왕 자신의 뜻에 의해 선택되었던 것이다. 그 다음에 조성된 기원정사의 위치를 잡는 데에 사바티의 부호 아나타핀디카(給孤獨), 즉 수다타(須達多)가 매우 애썼던 것은 유명한 이야기로서 오늘까지 전해 오고 있다.

이 사람은 당시 중인도의 여러 도시 사이를 대상(隊商)을 조직하여 내왕하면서 무역에 종사하고 있던 큰 상인이었다. 그는 마침 상업상의 용무로 라자가하에 왔다가, 앞에 나온 그곳의 부호로부터 붓다의 이야기를 들었던 것이다. 그는 곧 붓다를 찾아가 보았더니 아주 훌륭한 성자이었으므로, 내년의 우안거(雨安居)는 사바티에서 보내 주십소서 청하기에 이르렀다. 그래서 정사를 지을 필요가 생겨 그런 조건을 구비한 땅을 찾다가 보니, 제타(祇陀)라는 왕자가 갖고 있는 숲이 적당함을 알게 되었다. 그러나 왕자는 절대로 팔려고 들지 않았다.

"왕자님, 부디 그 숲을 저에게 양보해 주시기 바랍니다. 저는 거기에 정사를 짓고자 합니다."
"장자여, 그대가 황금을 그 위에 깔아 놓는다면 몰라도 그 토지는 넘겨 줄 수 없소."

팔아라, 못 팔겠다 하여 옥신각신한 끝에 아나타핀디카는 마침내 법정에 호소했다. 그만큼 그는 그 땅이 탐났던 것이다. 그런데 재미있는 것은 재판을 담당한 대신의 판결이었다.

"왕자께서는 이미 값을 말씀하셨습니다. 황금을 그 위에 깔아 놓으라고 값을 부르신 이상 팔지 않을 수 없습니다."

그것이 고대 인도의 상(商)도덕이었던 모양이다. 그래서 아나타핀디카는 황금을 수레로 싣고 와서 그것을 땅에 깔기 시작했다. 그러나 한 번 실어 온 것으로는 모자랐으므로 계속해서 자꾸 황금을 날라왔다. 이것을 보고 있던 왕자는 경탄하고 감동한 나머지 이렇게 말했다.

"장자여, 원컨대 나에게도 일부의 땅을 남겨 달라. 나도 기증하겠으니."

이리하여 이 정사는 '제타(祗陀) 왕자의 숲에 이룩된 아나타핀디카(給孤獨)의 정원에 있는 정사', 즉 '기수급고독원 정사(祗樹給孤獨園精舍)'라 불리고, 줄여서 '기원정사'라고 하게 되었다.

붓다가 전도에 종사한 45년 동안에 여러 사람으로부터 기증받은 정사의 수효는 꽤 많았던 것 같으나, 그 중에서 가장 유명한 것이 이 기원정사이다. 거기에는 그만한 이유가 있다. 첫째 지금까지 전해 오는 경전은 모두 그것이 어디에서 설해졌는지에 대해 밝히고 있는데, 그 중에서도 이 기원정사에서 설해졌다는 것이 절대 다수를 차지하는 까닭이다. 그것을 한역대로 적어 보면 이렇게 된다.

"이같이 나는 듣자왔다. 한때 부처님께서는 사위국 기수급고독원 정사에 계셨다."

우리가 경전을 욀 때에 먼저 나오는 것은 이런 구절이다. 그리고 둘째로는 이제 말한 바와 같이 제타 왕자의 숲을 사들인 경위가 매우 감동적인 이야기를 이루고 있으므로, 그것이 널리 사람들의 입에 오르내리고 조각이나 그림의 소재가 되었음을 지적할 수 있겠다. 그리고 셋째로는 아마 이 정사가 붓다 시대의 정사로서는 시설이 가장 잘 갖추어져 있어서 대표적인 건물이었던 모양이다. 그 터는 근년에 이르러 발굴되어 거의 지난 모습을 되찾을 수 있게 되었다.

그 위치는 사바티의 남쪽 교외 대략 1마일 남짓한 곳이다. 붓다나 비구들은 아침 일찍 그 길을 걸어 사바티에 탁발하러 갔다. 겉옷을 오른 어깨에 걸치고 발우는 왼손에 들어 위의를 갖추고 유유히 걸어가는 비구들의 모습이 아침 햇빛 아래 점점이 이어졌다. 오후가 되면 여러 사람들이 또 그 길을 거쳐, 이번에는 기원정사 쪽으로 걸어왔다. 법을 듣고자 성 안 사람도 왔고, 질문하기 위해 다른 종교의 학자도 왔다. 코살라 국의 왕인 파세나디도 곧잘 마차를 달려 찾아오곤 하였다.

한 경(『상응부경전』 3 : 13, 대식. 한역 동본, 『잡아함경』 42 : 6 천식)은 어느 날의 왕의 내방에 대해 이런 서술을 남겨 놓았다.

그 날 기원정사에 나타난 파세나디 왕은 붓다와 마주 앉은 다음에도 몹시나 가쁜 숨을 내쉬었다. 물어 보았더니 이 왕은 평소부터 과식하는 버릇이 있다고 했다. 그리하여 그 날도 역시 맛있는 음식을 실컷 먹고 나서 곧 정사로 달려왔던 것이다. 그래서 붓다는 왕을 위해 게(偈)를 설하여 타일렀다.

사람은 스스로 헤아리어서
양을 알아 음식을 들어야 하리.
그러면 괴로움도 훨씬 줄고
더디 늙어 수명도 보존하리라.

감동한 왕은 시중드는 아이를 시켜 그 게를 외게 하고, 그 후로는 음식을 먹을 때마다 그것을 낭송하게 했다. 그렇게 함으로써 왕은 차차 음식의 양을 줄여 갔고, 비대하던 체구도 어느덧 날씬해졌으며 용모도 단정해졌다. 그리하여 어느 날 왕은 제 손으로 제 몸을 쓰다듬으면서

"참으로 세존께서는 두 가지 이익을 나에게 주셨다. 진실로 나는 세존으로 말미암아 현세의 이익과 미래의 이익을 얻을 수 있었다."

고 감탄했다는 것이다. 그것은 매우 비근한 가르침이거니와, 그러한 경의 서술이 도리어 그 정사에서 벌어졌던 하루하루의 생활을 생생하게 우리의 가슴에 전해 주는 것 같다.

그러면 비구들은 거기에서 어떤 생활을 보내고 있었던가? 그것에 관해서는 계율 속에 세세한 규정이 전해 온다. 그들은 일어날 때나, 누울 때나, 앉을 때나, 걸을 때나, 밥을 먹을 때나, 목욕할 때나, 항상 위의를 갖추어야 했다. 그렇기는 해도 탁발에서 돌아왔을 때라든지, 밥을 다 먹고 여럿이 모여 있을 때면, 그들도 그만 속세 사람들과 비슷한 대화를 즐기는 수도 없지 않았다. 몇 개의 경이 그런 소식을 전해 주고 있다.

이것 또한 기원정사에서 일어난 일인데, 한 경(『소부경전』자설경 3 : 9)에 의하면, 어느 날 비구들이 모여 속세에 있을 때의 자랑을 서로 늘어놓다가 붓다의 눈에 띄어 꾸지람을 들은 적이 있다.

"나는 집에 있을 때 코끼리를 참 잘 다루었지."

"나는 집에 있을 때 말을 아주 잘 탔단 말야."

이런 이야기가 되면 갑자기 눈이 빛나는 것이 인간이거니와 비구들이라고 하여 예외일 수는 없었다. 다시 어떤 사람은 수레 달리는 것을 자랑했고, 어떤 사람은 궁술이나 검술을 뽐냈으며, 또 어떤 사람은 글씨나 시에 대해 자랑을 늘어놓았다. 즐거운 화제에 열중한 나머지 몸이 정사 안에 있는 것도 잊어버리고 떠들썩하고 있던 참에, 소리도 없이 붓다가 나타나서 훈계한 말씀은 이러했다.

"비구들아, 너희가 모여 있을 때에는 오직 두 가지 할 일이 있느니라. 법을 이야기하든지 성스러운 침묵을 지키든지 하는 것이 그것이다."

법에 대한 이야기와 성스러운 침묵, 이것들은 붓다가 자주 비구들이 지켜야 할 오직 두 가지의 의무라고 강조했던 것이다. 출가하여 사문이 된 이상에는 모든 것을 잊고 오직 자기 완성만을 위해 힘써야 할 것이기 때문이다. 곁들여 말한다면 정사에서의 그들의 생활에는 성전을 독송해야 하는 의무조차 없었다. 신 앞에 예배의 의식을 올릴 필요도 없었다. 하물며 후세의 승려가 그 주요한 임무로 여기고 있는 불공을 드리느니 재를 올리느니 하는 따위의 일은 그들로서는 전혀 알지도 못했고 관계도 없는 일들이었다. 그러나 그렇게 간명·엄숙한 수행의 과정에서도 꼭 지켜야 하는 두 가지의 의식이 있었다. 그것에 관해서는 다음 장에서 좀 자세히 기술해 보고자 한다. 그것에 의해 그들의 생활이 더 구체적으로 드러날 것이기 때문이다.

# 포살(布薩)

"대중이여, 들으시라. 오늘은 15일 포살일이니, 만약 대중에게 지장이 없다면 교단은 포살을 베풀고 계본(戒本)을 외리라.

무엇을 교단의 첫 행사라고 하는가? 여러 대덕이 몸의 청정함을 고백함이니, 나는 이제 계본을 읽으리라. 대중은 여기에서 잘 듣고, 잘 생각할지어다

만약 스스로 허물이 있음을 자각한 사람은 나서서 드러내라. 또 죄없는 이는 잠자코 있을지니, 잠잠하면 여러 대덕의 청정함을 알리로다. 만약 누가 물을 때에는 마땅히 대답해야 하리니, 이같이 비구는 이 대중 속에서 세 번까지 질문받을 것이며, 세 번 질문을 받고도 죄가 있으면서 고백하지 않는다면, 고의적인 망어죄(妄語罪)를 얻으리라. 고의적 망어는 도에 장애가 된다고 붓다께서는 설하셨나니, 그러므로 죄 있는 것을 기억하

는 비구로 청정하기를 원하는 이는 그 죄를 드러내라. 드러내
면 그는 안락함을 얻으리로다."
（『律藏』大品 2 布薩犍度）

　원시 불교 교단의 생활상, 즉 붓다와 그 제자가 하루하루 어떤
생활을 했나 하는 점은 오늘의 사찰의 양상을 근거로 해서는 좀
처럼 알아 내기가 어려울 것임에 틀림없다. 거기서는 장례식이
나 추선(追善)[1]의 의식이 거행되지는 않았다. 또 독경이나 불공
이 올려지는 일도 없었다. 즉 그들의 생활은 사제자(司祭者)로
서의 그것이 아니라, 수행자로서의 하루하루였기 때문이다. 붓
다가 설하는 가르침을 이해하고, 그것을 자기 몸에 구현해 가는
일, 그것밖에는 그들이 해야 할 일이란 없었던 것이다.
　아침 일찍 일어나면 그들은 곧 위의를 갖추고 거리나 마을로
갔다. 탁발을 위해서이다. 탁발(托鉢)이란 불교가 중국에 들어
간 다음에 생겨난 말이지만 매우 재미있는 말이다. 탁(托)이란
손으로 받는다는 뜻으로 발(鉢)을 손에 들고 음식을 받는다는
것이니까, 탁발이란 걸식이요 밥을 비는 일이다. 그러나 만약 그
발우(鉢盂)에 음식을 넣어 주는 사람이 없다면, 그는 생명을 유
지할 수 없게 된다. 그러므로 그의 생존은 이 발우에 달려 있는
셈이다. 그렇다고 해서 거지처럼 애걸복걸하면서 음식을 얻는
것은 아니며 "만약 내가 하는 일이 가치가 있다고 생각하면 이
발우에 음식을 넣어 주시오." 하는 것이 그 마음가짐이어야 한

---

1) 죽은 이의 명복을 비는 불사.

다. 바꾸어 말하면 비구는 이 탁발에 비구로서의 생명을 걸고 있는 셈이 된다. 도겐(道元)[2]이 『정법안장수문기』에서

> 의량(衣糧)의 두 가지 일은 소연(小緣)이긴 하지만, 행자(行者)의 대사이다.

라고 한 것도 그러한 뜻이라고 추측된다. 따라서 그것은 법식을 좇고 위의를 갖추어 엄숙한 태도로 행해져야 했다. 한 경(『상응부경전』 4 : 18 단식. 한역 동본, 『잡아함경』 39 : 15 걸식)에 의하면, 붓다도 어떤 날에는 깨끗이 씻은 발우를 그대로 가지고 돌아오시는 일도 있었다고 한다.

그것은 붓다가 마가다 국의 시골, 판차사라(五葦)라는 마을에 계실 때의 일이었다. 그 날은 마침 젊은 남녀들이 서로 선물을 주고받는 축제가 벌어지는 날이었다. 붓다는 그 아침에도 여느 날과 마찬가지로 탁발을 위해 그 마을을 찾아갔으나, 마을 사람들은 모두가 축제에 마음이 가 있기 때문인지 아무도 붓다를 공양하려고 하지 않았다. 여기서부터 경의 서술은 악마 이야기의 형식을 취하게 되거니와, 그 돌아오는 길에 마라(악마)가 모습을 나타내어 붓다에게 말을 걸었다.

"사문이여, 음식을 얻었는가"

---

2) 일본 조동종의 개조(1200~1253). 중국에 유학하여 여정(如淨)에게서 도를 배웠다. 저서에 『정법안장』 등이 있다.

"얻지 못했다."

"그러면 다시 마을로 돌아가라. 이번에는 공양을 얻을 수 있도록 내가 해주겠다."

그러나 붓다는 단호히 그것을 거부했다.

"음식은 비록 얻지 못했다 해도
보라, 우리는 즐겁게 사나니,
이를테면 저 광음천(光音天)³⁾ 모양
기쁨을 음식삼아 살아가리라."

여기서 악마의 속삭임이라고 되어 있는 것은 붓다의 내부에서 일어난 식욕의 유혹이었을 것으로 생각된다. 붓다라고 해도 시장하면 먹고 싶은 생각이 일어나리라. 지금 다시 간다면 이미 선물의 교환도 끝났을 것이니까 공양을 얻을 수 있을 것임에 틀림없다. 이런 생각이 순간적으로 붓다의 머리에 떠올랐다고 해서 조금도 이상할 것은 없겠다. 하지만 탁발이란 그들에게 그런 것일 수는 없었다. 거기에는 의연(毅然)히 지켜야 할 법식이 있었고, 더 소중한 마음씨가 있어야 했다. 법에 의해 얻지 못하는 것과 법에서 말미암지 않고 얻는 것은 어느 쪽이 존귀한가? 그들로서는 말할 나위도 없이 법에 의하여 얻지 못하는 쪽이 훨씬 존

---

3) 인도의 전설에 나오는 천상 세계의 하나. 이 세계에 태어난 사람들은 음성이 없고, 말할 때에는 입에서 광명이 나와 언어를 대신한다고 한다.

귀하였다. 여기에 "기쁨을 음식삼아 살아가리라."고 한 구절의 뜻이 있는 것이다.

그런 그들의 생활을 더 단적으로 나타내는 것은 포살과 자자 (自恣)라고 불리는 두 행사였다. 앞에서 말한 바와 같이 그들의 교단에는 종교적인 의식이 없었다. 그러나 구태여 의식에 가까운 것을 찾는다면, 그것이 포살과 자자라고 할 수 있을지 모른다. 그리고 이 두 가지 행사는 그들의 생활이 무엇을 목표로 영위되었나 하는 점을 참으로 명확하게 말해 주고 있는 것이다.

그러면 우선 포살이란 무엇인가? 포살이라는 말은 아마도 산스크리트의 '포사다(poshadha)'의 음사이리라. 팔리 어로 말한다면 '우포사타(uposatha)'가 될 것이다. 그것의 유래를 따지면 원래 외도(外道) 즉 불교 이외의 종교에서 행해지고 있던 의식을 채택한 것으로 그 소식은 『율장』 대품(大品) 2 '포살건도'라는 대목에 다음과 같이 나와 있다.

그것은 붓다가 라자가하 교외의 '깃자쿠타'라는 산에 있었을 때의 일인데, 앞에서 언급한 빈비사라 왕으로부터 붓다에게 한 제안이 들어왔다. 그 왕은 불교 교단의 성의 있는 보호자였거니와, 그때 라자가하 부근에 있는 외도의 교단에서는 반 달에 두 번씩 집회를 열어서 그 기회에 일반 신자들을 위해서도 설법을 베푸는바, 그것은 매우 좋은 행사인 것 같으니 불교 교단에서도 그와 같은 것을 시행해 봄이 어떻겠느냐는 것이었다. 붓다가 그 제안을 그 자리에서 받아들인 결과, 불교 교단에서도 포살 행사를 갖게 되었다는 것이다.

사실을 말하면 그 기원은 훨씬 더 고대로 거슬러 올라갈 것 같다. 포살은 '우파바사타(upavasatha)'라고도 하는데, 그것은 본래 소마(soma : 신에게 바치는 술)의 제사가 있는 전날에 행해지는 단식일을 가리키는 말이었다. 아마 인도 게르만 어족은 훨씬 예전부터 그런 행사를 가져 왔던 것으로 생각된다. 그것이 반 달에 두 번이라 함은 달(māsa)로 헤아리는 것이 아니라, 반 달(pakkha)을 단위로 1일 · 8일 · 15일 · 23일처럼 대체로 1주일에 한 번 꼴이 되는 것이다. 그것은 인도 특유의 주일제여서, 외도가 그것을 이용하여 행사를 해 오던 것을 붓다도 빈비사라 왕의 제안으로 채택한 것이라고 여겨진다.

그렇게 하여 포살의 집회가 결정되었으나, 처음에는 단순한 집회에 그쳤다. 그러나 이윽고 그 집회에 참가했던 신도들로부터 새로운 제안이 있게 되었다. 우리는 모두 법을 들을 수 있을까 하여 모인 것인데, 비구들이 모두 '벙어리 산돼지'처럼 침묵하고 있다니 말이 되는가. 부디 모인 사람들을 위해 법을 설해 달라, 이런 요청이었다 그것도 그렇겠다고 하여 포살일이면 대중을 위해 설법이 있게 되었다.

다음으로 붓다 자신의 발기에 의해 계본(pātimokkha)을 그 집회에서 외도록 결정하였다. 계본이란 계율의 항목만을 나열한 것이니, 그것을 해설하고 그 성립 과정을 서술한 것이 뒤에 이루어진 율장(律藏)이다. 말하자면 여기에 계율의 근본이 있다는 뜻에서 이것을 계본이라고 번역하게 되었거니와, 포살일에 그것을 낭송케 해서 반성과 참회의 기회로 삼고자 한 것은 그것에 의해 포살에 새 뜻이 부여되고 그것이 불교 특유의 것으로 승화된 것이라고 보아도 좋을 줄 안다. 그 양식 역시 그때 붓다의 손으로 정해진 것이어서, 그것은 대개 이렇게 진행되었다.

반 달의 14일이나 15일, 해가 넘어가고 등불이 켜지면 비구들이 모여들고, 조금 후 장로가 일어나서 목청을 돋우어 먼저 계본의 서문을 읽어 갔다. 그 부분을 나는 첫머리에 인용해 놓았거니와, 그것은 "대중이여, 들으시라. 오늘은 15일 포살일이니"로 시작되는, 말하자면 개식사라고 할 수 있다. 그러고는 이제 계본을 읽겠으니 죄 있는 사람은 참회하라고 전제한 다음, 계본의 낭송이 시작되었다. 그것은 한 항목마다 세 번 되풀이되었다. 비구들은 그것을 자기 한 사람을 향해 묻는 것으로 알고 들어야 한다고 요구받았다. 일 대 일로 묻는다면 가부간 대답하지 않을 수 없으리라. 그런 마음으로 세 번 반복되는 계본을 들으라는 것이었다. 죄 있는 것을 자각하면서도 참회하지 않을 때는 '고망어(故妄語)'의 죄를 범하는 것이 된다. 그것은 도에 장애가 된다고 붓다께서 말씀하시지 않았는가. 그러므로 청정하기를 바라거든 그것을 고백하라. 고백하고 참회하면 마음의 편안을 되찾게 될 것이다. 이것이 서문의 대체적인 뜻이었다.

이 서문의 낭송이 끝나면, 계율의 하나하나의 항목을 세 번씩 외웠다. 그 항목의 수효는 현존하는 계본에 따르면 대략 250(부파에 따라 다름)개 정도가 되거니와, 붓다 재세시에는 더 적었을 것이고, 더구나 포살의 제도가 정해지던 당시에는 훨씬 적었을 것으로 생각된다. 왜냐하면 계율은 처음부터 한꺼번에 정해진 것이 아니라, 무슨 사고가 있을 때마다 하나씩 정해졌기 때문이다. 그러나 그 주요 부분, 이를테면 불사음(不邪淫)·불투도(不偸盜)·불망어(不妄語) 같은 조목은 일찍부터 결정되어 있었을 것이다. 그것들을 이를테면

　　"어느 비구라도, 만약 마을이나 숲에서 주지 않은 걸 취했다면…… 그는 바라이(波羅夷)[4]에 해당하니 함께 있지 못하리라."

하는 식으로 낭독했다. 그리고 몇 조목이 끝날 때마다

　　"이제 나는 여러 대덕들에게 묻노라. 이 점에 대해 청정한가? 다시 묻노라. 이 점에 대해 청정한가? 세 번째 묻노라. 이 점에 대해 청정한가?"

라고 대답을 재촉했다. 이런 물음에 대해 모든 사람이 잠자코 있으면, 장로는 이렇게 말했다.

　　"이제 여러 대덕은 이 점에 대해 청정하시오. 그러기에 침묵하신다고, 나는 그렇게 알겠소."

---

4) 승려로서 자격을 잃고 교단에서 추방되는 무거운 죄.

이런 식으로 낭독과 재촉이 자꾸 반복되는 중에 포살의 행사는 끝나곤 했다. 그 무렵쯤에는 밤도 깊어져서 천지의 적막이 그들의 주변을 감쌌다. 그것은 참으로 엄숙하기 이를 데 없는 광경이었으리라.

또 하나의 행사인 자자(自恣, pāvaraṇā)는 우안거(雨安居)의 마지막 포살일(15일)에 행해지는 더 없이 순수하고 아름다운 집회였다. 자자란 자진해서 자기의 죄를 지적해 달라고 동료 비구들에게 청하는 일이니, 현장(玄奘)[5]은 이것을 '수의(隨意)'라고 번역했다. 이것도 포살일의 행사라고 하여 '포살 자자'라고 불리기도 한다. 이것 역시 붓다의 제안으로 시작되었으며, 그 인연은 『율장』의 대품 4 '자자건도'에 의하면 이러했다고 한다.

그것은 붓다가 제타의 정사에 있을 때의 일이었다. 그때 마침 여름 장마철이 되었으므로, 코살라의 어느 고장에서 많은 비구들이 함께 안거에 들어갔다. 안거(vassa)란 본디 '비' 또는 '장마철'의 뜻이니, 여름 장마철 석 달 동안은 비구들도 도저히 활동할 수 없으므로 정사나 동굴 같은 데서 외출하지 않은 채 수행에만 전념하는 것을 이렇게 불렀다. 그것은 비가 많은 인도에서는 어쩔 수 없는 일로 보이거니와, 이제 코살라의 어느 고장에서 안거에 들어간 비구들은 그 석 달을 화목하고 분쟁이 없이 지내기 위하여 아무 말을 하지 않고 생활하기로 약속하였던 것이다. 경은 그것을

---

5) 중국의 승려(622~664). 인도에 건너가 많은 경전을 가지고 와서 번역한 사람. 그의 여행기인 『대당서역기』는 유명하다.

"우리는 담화하지 않고, 질문하지 않으리라."

고 기록하고 있다. 문답을 하든지 남을 탓하든지 하는 것은 분쟁의 원인이라고 생각했던 것이리라.

그리하여 무사히 우안거를 마친 비구들은 비가 개자 기원정사로 붓다를 뵈러 왔다. 그런데 붓다는 그들로부터 그 동안의 생활에 대해 보고를 듣고 나서, 무엇인지 부자연스러운 것을 느끼게 되었다. 당시의 외도 중에는 '아계(啞戒)'라고 하여 무언의 행(行)을 닦는 것도 있었지만, 인간이 언어를 전혀 안 쓰면서 공동생활을 한다는 것은 짐승이 되는 것이나 다를 바가 없지 않은가. 인간은 도리어 그 생각하는 바를 적극적으로 이야기해야 한다. 이런 생각에서 붓다는 우안거를 맺음하는 행사로서 이 자자의 의식을 정했다고 한다.

그 의식은 대체로 이렇게 진행되었다. 그 날은 마침 7월 14일이나 15일에 해당하므로 해가 넘어가면 곧 보름달이 떴다. 그때는 나이든 비구나 새로 입교한 비구나, 모두 마당에 내려가서 쭈그리고 빙 둘러 앉았다. 그러면 한 비구가 일어나 개식 선언을 하였다.

"대중이여, 들으시라. 오늘은 자자가 있는 날, 만약 대중에게 이의가 없다면 교단은 자자를 베풀려 하오."

이리하여 의식이 시작되면, 먼저 장로부터 시작하여 교대로 모든 비구가 다 합장한 손을 높이 쳐들면서 동료 비구들을 향해 간청하는 것이다. 내가 지난 안거에서 무슨 잘못을 저지르지 않았는가? 만약 여러분 중에서 그런 일을 보았거나 들었거나 또는 의심을 품은 분이 계신다면, 부디 나를 위해 그것을 말해 달라. 경전은 그것을 이렇게 표현하고 있다.

"나는 교만에 대해 자자를 행하노니, 나에 대해 무엇을 보고 무엇인가 듣고 또는 나에게 의심을 지니신 분이 있다면, 대덕들이여, 나를 가엾이 여기어 그를 말씀해 주소서. 죄를 알면 그를 제거하오리다."

그것을 비구마다 세 번 반복하여 장로부터 신입 비구까지 마쳤을 때, 자자의 의식이 끝나는 것이다. 그것은 단순하기 짝이 없는 의식이었지만, 매우 아리따운 광경이었던 것 같다. 한 경(『상응부경전』 8 : 7 자자. 한역 동본, 『아함경』 45 : 5, 자자)은 어느 해의 자자의 정경을 이와 같이 서술하고 있다.

그것은 붓다가 사바티의 동쪽 교외인 미가라마타(鹿子母)의 정사에 있었을 때의 일이다. 그 해의 7월 15일, 안거가 끝나는 날 행해진 자자는 참으로 성대하고도 감동에 넘치는 것이었다. 해가 지고 달이 뜨자, 마당에 둘러 앉은 비구의 수효는 대략 오백 명은 되어 보였다. 그 중에는 붓다도 끼어 있었고, 또 수제자인 사리불의 모습도 보였다. 붓다도 교단의 일원이므로 자진해서 자자를 행하여야 했다. 아니 자자의 규칙에 의하면 윗사람부터

하게 되어 있으니까, 제일 먼저 자자를 해야 되는 이가 붓다 자신이었다.

"대덕들이여, 나는 이제 자자를 행하노니, 대덕들은 내 행위와 내 언어에서 무엇인가 비난할 만한 것을 보고 듣고 또는 미심쩍은 생각을 지니지 않았던가? 만약 그런 일이 있다면 나를 가엾이 여겨 부디 지적해 주오."

붓다가 합장한 손을 높이 쳐들고 비구들 앞에서 자자의 말씀을 외자, 엄숙한 침묵이 장내를 뒤덮었다. 침묵은 그 청정을 긍정하는 것이 된다. 그러나 침묵만으로 대하기에는 너무나 감격이 벅찼던지, 갑자기 자리에서 일어나 옷을 오른 어깨에 걸치고 붓다 앞에 고개 숙여 엎드린 비구가 있었다. 그는 사리불이었다.

"아니오이다, 세존이시여. 누구도 세존의 행위와 언어에서 비난할 점을 발견한 이는 없나이다."

다음은 사리불의 차례였다. 그도 또한 합장한 손을 높이 쳐들면서 감동에 떨리는 목소리로 자자의 발언을 외웠다. 다시 한 번 엄숙한 침묵이 그의 청정을 증명해 주었다. 그때 이번에는 붓다가 일어나서 그의 언행에 찬사를 보냈다. 이렇게 하여 오백 명이나 되는 비구들이 차례차례 자자를 행했으나, 그 날 밤 누구 한 사람 비난의 말을 들어야 했던 사람은 없었다.

그때 반기사(婆耆沙)라는 비구가 감동에 찬 얼굴로 자리에서 일어나 붓다 앞으로 다가갔다. 그는 재가 시절 시 짓는 데 뛰어난 솜씨를 보였던 사람이거니와, 오늘 저녁도 자자의 정경을 목격하고 갑자기 가슴속에 떠오른 시상을 억제하기 어려웠던 것이리라. 붓다는 그것을 잘 알고 있었다.

"그럼 반기사여, 그것을 여기에서 발표하려무나."

반기사가 그 날 밤 감동에 겨워 노래했던 8구의 게는 이렇게 기록되어서 지금까지 전해 온다.

> 보름이라 달 밝은데, 신(身)·구(口)·의(意) 맑히려고
> 오백 넘는 비구들은 여기에 모였으니
> 번뇌의 올가미를 모두 다 벗어 던져
> 윤회를 반복 않는 성자들뿐이로다.
> 세존의 아들이요, 법의 씨 그들이매
> 당찮은 말 늘어놓는 사람이란 없어라.
> 갈애의 그 화살을 빼어 버린 우리가
> 아으, 세존 우러러서 예하여 뵈옵노라.

이런 데서 우리는 붓다와 그 제자들의 일상 생활, 즉 원시 불교 교단의 생생한 모습을 보게 된다.

# 법좌(法座)

"세존이시여, 나는 크샤트리아 (무사) 출신의 왕이어서 죽여야 될 사람은 죽이고, 재산을 몰수해야 될 사람은 몰수하고, 추방해야 될 사람은 추방할 수 있습니다. 그러나 내가 재판에 임했을 때, 흔히 내 이야기를 방해하는 이가 있습니다. 내가 재판에 임했을 때에는 내 이야기를 방해하든지 지장을 주든지 하여서는 안 된다고 경고하건만 전혀 효과가 없습니다.

그런데 세존이시여, 세존의 제자들을 보옵건대, 세존께서 몇백이라는 대중을 상대로 법을 설하실 때, 세존의 제자들은 기침 소리 하나 내지 않습니다. 언젠가 세존께서 수백 명의 제자들에게 법을 설하실 때, 한 비구가 기침 소리를 낸 적이 있습니다. 그러자 다른 비구가 무릎으로 그 비구를 건드리면서 말했습니다.

'고요히 해. 소릴 내지 말아. 우리 스승께서 이제 법을 설하

시니.'

세존이시여, 그 모양을 보고 나는 생각했습니다.

'이는 참으로 희유한 일이다. 도장(刀杖)을 쓰지 않는데도 대중이 이렇게 통제될 수 있다니!'

세존이시여, 나는 이런 대중을 본 적이 없습니다."

（『相應部經典』89 法莊嚴經. 漢譯同本,『中阿含經』21 法莊嚴經）


붓다와 그 제자들의 일상 생활에 대해 좀더 이야기해 보고자 한다.

여기에 인용한 일절은『중부경전』89 '법장엄경'에 나타나 있는 코살라 국왕 파세나디의 술회의 일부분이다. 어느 날 성 밖에 나가 아름다운 교외의 풍경을 즐기고 있던 이 왕은 갑자기 붓다를 만나 보고 싶은 생각이 났다. 신하들에게 물었더니, 붓다는 지금 메다룬바라는 샤카족의 마을에 있다는 것이었다. 그렇다면 이제부터 달려 오늘 안에 도착할 수 있다고 생각한 왕은 곧 마차에 올랐다.

그러나 왕이 그 마을에 도착한 때는 모두 문을 닫아 건 밤중이었다. 왕이 기침을 하면서 정사의 문을 두드렸더니, 붓다가 친히 나와서 문을 열어 주었다. 왕은 엎드려 그 발 밑에 절하면서 말했다.


"세존이시여, 저는 코살라의 파세나디입니다. 세존이시여, 저는 파세나디입니다."

붓다도 물론 반가워하면서 뜻하지 않은 이 손님을 방으로 안내했다.

이 두 사람이 처음으로 만난 것은 붓다가 전도를 시작한 지 얼마 되지 않았던 시절의 일이다. 그때 붓다의 나이는 아마도 37살이나 38살이었을 것으로 생각된다. 그리고 경전이 전하는 바에 의하면 파세나디는 붓다와 동갑이었다고 하니까, 젊은 두 사람의 대면은 날카로운 문답으로 시종되었을 것이 예상된다.

"고타마여, 그대는 최고의 깨달음을 얻었다고 자처한단 말인가?"

아닌게 아니라 왕은 사뭇 힐문하는 어조로 나왔고, 붓다는 붓다대로

"이 세상에서 최고의 깨달음을 얻은 사람이 있다면 그것은 나요."

라고 하며 맞섰다. 그러나 파세나디는 자기와 동갑인 젊은이가 그런 성자라는 것을 좀처럼 인정하려고 들지 않았다. 그는 저명한 사상가의 이름들을 열거하면서, 그들도 최고의 깨달음을 얻었다고는 말하지 않았음을 들어

"고타마여, 그대는 나이도 어리고 출가한 지도 얼마 되지 않

았지 않은가?"

라고 반박했을 때, 붓다는 불과 뱀과 왕과 성자는 나이로 말미암
아 경시될 수 없다고 대답했다. 백 년을 내려온 불이나 오늘 난
불이나 무엇을 태우는 위력은 마찬가지이며, 따라서 도(道)와
나이는 아무 관계도 없다는 것이었다.

그런 일이 있은 지도 어느 덧 40년. 붓다에게 귀의하는 왕의
심정은 해가 거듭될수록 깊어졌거니와, 그 날 밤 왕은 그러한 마
음을 붓다 앞에 털어놓고 그 이유를 몇 가지 들었다. 그것들은
모두가 왕 자신이 친히 듣고 본 이야기들이었으므로, 붓다와 그
제자들의 생활을 엿보는 데는 더 없이 귀중한 자료가 되는 줄 안
다. 이를테면 그 중의 한 이야기는 이러했다.

그것은 다른 경에도 이름이 전해 오는 두 명의 목수, 이시다타
와 푸라나에 관한 이야기이다. 이 두 사람은 궁중의 목수였다.

"나는 그들에게 일자리를 주었고, 그들은 내 덕으로 명성을
떨친 사람들입니다만……."

파세나디 왕은 눈을 끔벅이며 이야기를 계속했다.

"그런데도 그들이 나에게 보이는 존경은 붓다를 존경하는 데
비긴다면 훨씬 못 미친단 말씀입니다."

그것은 불평이 아니라 왕에게는 그 쪽이 더 기쁜 듯하였다. 그는 그 증거로서 이런 보기를 들었다.

"언젠가 나는 전쟁에 나갔다가, 그들을 데리고 어느 조그만 민가에서 함께 잔 일이 있습니다. 그때 두 사람은 밤 늦게까지 붓다의 법에 대해 이야기를 주고받더니, 잘 때가 되자 붓다가 계신 방향을 확인한 다음에 그 쪽으로 머리를 두고 나 있는 쪽으로 발을 뻗고 잤습니다.

'이것은 참 이상한 일이다. 그들은 나에게 의지해 생계를 이어 가고 있는데, 나를 존경하기보다는 세존을 훨씬 더 존경하는구나. 이것은 필시 그들이 세존으로부터 더 없이 소중한 가르침을 받았기 때문일 것이다.'

세존이시여, 그래서 저는 이렇게 생각했습니다."

이 장(章)의 첫머리에 인용한 일절도 마찬가지로. 파세나디 왕이 자기가 세존을 더욱 존경하게 된 이유의 하나로서 그 날 밤 이야기한 내용이다. 코살라의 왕권은 당시의 인도에서 가장 강대했으며, 그것과 어깨를 겨룰 만한 나라는 오직 마가다 국이 있었을 뿐이다. 그 강국의 왕인 파세나디가 직접 재판하는 마당에서도 흔히 시끄럽게 굴어서 발언을 방해하는 사람이 있다. 파세나디 왕은 그런 체험을 들어 붓다의 법좌(法座)에 대해 이야기한 것이다. 재판하는 자리의 광경을 설법하는 자리(法座)에 비긴다는 것은 애당초 온당치 못한 점도 없지는 않으려니와, 거기

에는 체험과 견문이 뒷받침되어 있기에 도리어 강렬한 인상을
주는 것도 사실이겠다.

왕이 보았다는 것은 어느 날 붓다가 설법하고 있는 광경이었
다. 그것은 아마 사바티 남쪽인 기원정사였든지, 아니면 그 동쪽
교외에 있는 미가라마타 정사였을 것으로 여겨진다. 여하튼 그
날도 역시 몇 백 명의 비구들이 모여들어 붓다의 설법에 귀를 기
울이고 있었다. 그런데 고요한 그 자리에서 어느 비구가 기침을
했다. 그랬더니 다른 비구가 무릎으로 그 비구를 건드리면서 조
용히 하라고 주의를 주었다. 그리하여 모든 청중들이 기침 소리
하나 내지 않은 채, 오직 긴장한 속에서 붓다의 말씀을 경청하고
있는 모습을 목격한 파세나디 왕은 참으로 탄복하지 않을 수 없
었다는 것이다. 그 고백이 또한 파세나디답게 소박하다.

"참으로 희유한 일이었습니다. 도장(刀杖)을 안 쓰고도 대중
이 이렇게 통제된다는 것은!"

'도장'이란 칼과 곤장이다. 왕은 그것으로써 신하들을 단속하
고 백성들을 통치한다. 그 생사 여탈의 힘, 그것이야말로 왕의
권세일시 분명하다. 그러나 그런 무력으로도 침묵시킬 수 없는
사람들이 있다. 더구나 마음으로부터 복종케 하기란 도저히 불
가능한 일이다. 거기에 집권자들의 고민이 있다. 그런데 붓다의
법좌의 광경은 어떤가? 거기서는 무력의 그림자조차 찾아볼 수
없건만, 이렇게도 완전히 통제되어 있지 않은가. 그것은 왕의 권

력보다도 더한 것이 붓다에게 있기 때문이리라. 그러므로 나는 세존 앞에 이와 같이 최고의 존경을 바칠 수밖에 없다는 것이 왕이 그 체험을 통해 고백한 내용이었다.

그런 감명의 토로를 경전 안에 남기고 있는 것은 물론 파세나디 왕만은 아니다. 이를테면 앞에도 등장한 비구 시인 반기사(婆耆沙)가 이야기한 것은 이러했다.

그것은 기원정사, 즉 제타의 정사에서 있었던 일이다. 그때 붓다의 법좌에 모인 비구는 1,250명이나 되었다고 한다. 그 날 붓다의 설법은 열반, 즉 불교의 궁극적인 목표인 절대적 평화의 경지에 관한 것이었다. 많은 비구들이 모두 마음을 기울여 듣고 있는 정경이 그 날 또한 이 시인의 시심을 자극했던 모양인지, 붓다의 설법이 끝나자, 그는 자리에서 일어나 옷을 한쪽 어깨에 걸치고 붓다 앞에 나아가서 홍조 띤 얼굴로 말했다.

"세존이시여, 저에게 떠오른 것이 있나이다. 선서(善逝 : 붓다의 명칭의 하나)여, 제 마음에 시상이 떠올랐나이다."

"반기사야, 그것을 읊어 보려무나."

이 비구 시인은 가끔 이런 짓을 했고, 또 그것을 동료 비구들도 좋아했던 모양이다. 『상응부경전』 제8에는 '반기사장로 상응'이라고 해서, 그가 이런 식으로 발표했던 시편이 열두 권이나 되는 경 속에 수록되어 있다. 그가 이때에 읊은 것은 다음과 같은 시였다.

청정할손 티끌을 멀리 떠난
두려움 없는 열반을 설하시기에
이제 여기에 천도 넘는 비구들은
정각자(正覺者)에게 예하여 뵈옵노라.

정각자가 설하심은 티 없는 진리
그를 비구들은 귀기울여 듣도소라.
숱한 비구들에게 에워싸이어
아으, 정각자는 빛도 찬란하셔라.

세존께선 참으로 용상(龍象)이시며
이 세상 살아 계신 성자이셔라.
줄줄이 내리는 빗발처럼
제자들을 고루고루 적셔 주시다.

이 스승 뵈옵고자 그 한마음에
한낮의 정좌(日住)에서 달려 나와
제자의 한 사람인 반기사는
세존의 두 발에 머리 조아리놋다.

이것은『상응부경전』8 '천이상' 이라는 경에 보인다.

# 삼보(三寶)

"너희가 무인 광야를 갈 때는 여러 공포가 있을 것이며, 마음은 놀라고 머리카락은 곤두서리라. 그런 때는 마땅히 여래를 염하라. 여래는 응공(應供)[6] · 등정각(等正覺)[7] · 불(佛) · 세존이시라고. 이리 염하면 공포가 사라지리라.

또 법을 염하라. 부처님의 바른 법은 현재에 능히 번뇌를 떠나게 하고, 때를 기다릴 필요가 없으며, 통달 친근(通達親近)하여 자각에 의해 알 수 있는 것이라고. 이리 염하면 공포가 사라지리라.

또 승(僧)을 염하라. 세존의 제자들은 잘 수행하고, 바로 수행하고, 세간의 복전(福田)[8]이라고. 이리 염하면 공포가 사라

---

6) Arhat. 붓다를 일컫는 이름의 하나. 마땅히 중생의 공양을 받을 만하다는 뜻.
7) Samyaksaṃbuddha. 평등한 진리를 깨달은 사람이라는 뜻. 역시 붓다를 일컫는 이름.

지리라."

(『雜阿含經』35 : 11 毘舍利賈客)

여기에서는 한역만이 있을 뿐, 팔리 삼장에는 없는 경을 다루어 보겠다. 그 개략만을 소개하면 이렇다.

밧지국(跋耆國)의 서울 베사리(毘舍利) 교외에 마루가다라는 못이 있고, 그 못가에 세워진 중각 강당에 붓다가 머물고 계시던 때의 일이다. 그곳은 큰 숲과 연해 있었기 때문에, 대림중각정사(大林重閣精舍)라는 이름으로 자주 경전에도 나타나는 고장이다.

마침 그때 베사리에서는 많은 상인들이 타카시라(Takkasilā)로 떠나기 위해서 채비를 서두르고 있었다고 한다. 이 일절은 아무렇지도 않은 것 같지만, 약간의 설명이 필요하다. 베사리가 당시의 인도에서 가장 번영하는 도시 중의 하나가 될 수 있었던 것은 무엇보다도 그곳이 여러 나라 무역의 중계점이었기 때문이라고 생각된다. 상인들이 가려고 했다는 타카시라는 멀리 인도의 북서부에 있던 도시이며, 거기서부터 당시의 교통로는 동남쪽으로 뻗어, 사바티 · 베사리 그리고 라자가하에 이르게 되어 있었다. 이른바 '장자'라고 불리는 대상인들은 대상(隊商)을 조직하여 그 길을 왕래하면서, 국제간의 무역으로 큰 이익을 올리고 있었던 것이다. 이제 타카시라로 떠나기 위해 준비를 서두르고 있는 상인들도 그런 대상의 하나였을 것으로 추측된다. 이런 일을 알

---

8) 복의 원인. 붓다에게 귀의한다든지 그 교단에 귀의하면 복을 받게 되므로 이르는 말.

아 두면, 그들이 붓다를 찾아가서 가르침을 받게 되는 그 뜻이 잘 이해될 터이다.

그런데 여행 준비를 서두르던 상인들은 마침 붓다가 마하바나(大林) 정사에 계심을 알자, 곧 거기로 붓다를 찾아가서 여러 가지 설법을 들었다. 그리고 그 다음날에는 붓다와 그 제자들을 초대하여 정성껏 공양했다. 여기에 인용한 일절은 그 공양이 끝나고 나서 붓다가 그들을 위해 이야기한 가르침의 일부분이다.

  "너희는 이제부터 무인 광야를 가게 될 터이니까, 여러 가지
  공포를 맛보아야 하리라."

그들이 지금 가려고 하는 길은 붓다도 잘 알고 있었다. 그들에게는 그것이 장사하는 길이요 무역하는 길이었지만, 붓다에게는 그것이 그대로 전도의 길이었다. 라자가하 ─ 베사리 ─ 사바티 사이를 붓다는 몇 번이나 오고 갔던가.

도시를 팔리 어에서는 나가라(nagara)라고 한다. 이런 도시들은 성벽으로 에워싸이고 인구가 조밀하며 물자도 풍부하여, 경에도

  "밤낮 열 가지 소리가 들려 번창을 자랑하고 있었다."

고 기록되어 있다. 열 가지 소리란 코끼리 소리 · 말소리 · 북소리 · 장구 소리 · 비파 소리 · 노래 소리 · 징소리 · 동라 소리, 그

리고 떠들썩한 사람 소리라고 한다. 물론 현대의 대도시와 견주어 그 규모를 상상해서는 안 되겠지만, 고대 유럽의 아테네나 로마와 함께 인류 사회에 나타난 가장 초기에 속하는 도시였을 것으로 생각된다. 나는 그것들을 '인도적 폴리스'라고 부르고자 한다. 그리고 그것들이 인류 문화사에서 무엇보다도 주목되어야 할 현상의 하나라고 믿는 바이다.

그러나 그런 도시 생활은 인도 전역이 그만큼 개척되고 문명화했음을 뜻하는 것은 아니었다. 그런 도시에서 한 걸음만 밖으로 나가면 인적도 없는 광야와 삼림이 깔려 있었다. 아니 더 상세히 설명한다면, 성문 바로 밖에는 니가마(시장)가 있어서 상품은 거기까지 운반되는 것이 고작이었다. 이를테면 사바티 성 밖에는 생선을 파는 니가마가 있었고, 바라나시 성문 밖 십자로에서는 사슴 고기를 팔고 있었으며, 대개의 도시에서는 야채 장사들도 성문 밖에 점포를 벌이는 것이 관례가 되어 있었다. 이런 니가마에서 더 가면 여기저기 '마마'라고 불리는 마을이 있어서 주위의 땅을 경작하여 농사를 짓고 있었으며, 또 적당한 숲에는 왕이나 왕족의 전용 사냥터가 있었다. 그리고 사문들이 사는 정사도 그런 데에 있었다. 그러나 그런 곳은 드넓은 지역에서 볼 때 아주 일부분에 그쳤고, 성 밖은 대개 태고로부터 사람의 손이 간 적이 없는 대자연 그대로의 상태였다.

그런 속을 지나 먼 지역으로 뻗은 통행로가 갖가지 공포와 위험을 수반할 것은 당연한 일이었다. 그러므로 그들은 대상(隊商)을 조직하고 충분한 경비 수단을 강구하지 않고는 결코 그런 길을 갈 수가 없었다. 붓다도 제자들과 함께 자주 여행을 해 보았으므로 그런 사정을 잘 알고 있었다. 그래서 상인들을 상대로 그런 위험에 대처할 가르침을 설하였던 것이다.

"만약 그런 때에는 마땅히 여래를 마음속에서 염하라. 여래는 응공·등정각·불·세존이시라고. 그렇게 염하면 너희의 공포가 사라지리라.

또 너희는 마땅히 붓다의 가르침을 염하라. 여래가 설하신 가르침은 현재에서 당장 효능이 있는 것, 때를 기다리지 않아도 되는 것, 능히 안온하게 만들어 주는 것, 지혜 있는 사람이면 스스로 이해할 수 있는 것이라고. 만약 그렇게 염한다면 너희의 공포는 곧 사라지리라.

또 너희는 교단(僧伽)을 염하라. 여래의 교단은 잘 수도하는 사람들의 집단, 바르게 수행하는 사람들의 집단, 그리고 이 세상에서 최상의 복전이라고. 만약 그렇게 염한다면 너희의 공포는 곧 사라지리라."

그때 붓다가 설한 말씀을 한역에 의거하여 더 쉬운 말로 옮겨 보면 이렇게 될 것이다. 그리고 붓다는 그것을 다시 설명하기 위해 다음과 같은 제석천(帝釋天)의 설화를 말씀했다고 되어 있다.

그것은 아주 먼 옛날이거니와, 신들과 아수라(阿修羅) 사이에 싸움이 벌어진 일이 있었다. 그때 인드라(제석천)는 신들에게 이런 훈시를 주었다.

"너희는 싸움에 임하여 만약 공포로 머리가 쭈뼛할 때는 모두 내 깃발을 쳐다보아라. 그렇게 하면 공포가 사라지리라. 그러나 만일에 내 깃발을 쳐다볼 수 없을 때에는 파자파디천(波闍波提天)의 깃발을 쳐다보아라. 만약에 또 파자파디천의 깃발을 볼 수 없을 때에도 바루나천(婆樓那天)의 깃발을 쳐다보아라. 다시 그것도 볼 수 없을 때에는 이사나천(伊舍那天)의 깃발을 쳐다보아라. 그렇게 하면 너희는 그 공포를 떨쳐 버릴 수 있으리라."

이것은 물론 바라문에 전하는 옛날 신화를 인용한 것이려니와, 그것으로 붓다가 강조하고자 한 것은 다름 아닌 삼보 귀의의 정신이었다고 생각된다.

불·법·승의 삼보에 대해 귀의의 뜻을 표명하는 일, 즉 삼보 귀의 또는 삼귀의(tiṇi saraṇagamanāni)가 불교 교단의 의식으로서 채택된 것은 붓다가 설법을 시작한 지 얼마 되지 않았을 때의 일이다. 『율장』 대품(大品) 1 '대건도(大犍度)'는 출가한 비구나 재가 신자의 수계(受戒), 즉 불교 교단의 일원이 될 때의 의식에 관한 것을 기록한 문헌이다. 거기에 따르면 처음으로 붓다 앞에서 삼귀의의 고백을 한 것은 바라나시의 장자였다고 한다. 그것은 붓다가 그 도시의 교외에 있는 이시파다나 미가다야(鹿野苑)에서 첫 설법에 성공함으로써 다섯 비구를 제자로 삼은 직후의 일이었다. 그때 그 고장 장자의 아들인 야사(耶舍)라는 젊은이가 찾아와서 붓다의 가르침을 듣고 제자가 되었는바, 아들의 출가에 놀란 장자가 허둥지둥 달려와서 붓다를 만나본 결과, 그도 또한 신자가 되었다는 것이다. 그때 그 장자가 붓다 앞에서 한 말을 경은 이렇게 전하고 있다.

"저는 이제 세존과 그 가르침과 그 비구중(衆)에 귀의하나이다. 세존이시여, 저를 우바새(재가 신자)로서 받아 주시옵소서. 오늘부터 시작하여 이 목숨 다할 때까지 귀의하겠나이다."

이것이 처음으로 삼귀의를 표명한 우바새였다는 것이 이 경의 주장이다.

그리고 이런 고백이 수계(受戒), 즉 교단의 일원이 되는 주요한 의식으로 채택된 것은 그로부터 얼마 되지 않았을 때의 일이다. 그때 붓다의 제자는 60명에 달했으므로, 앞에서도 말한 바와 같이 "많은 사람들의 이익과 행복을 위하여" 그들을 각처에 보내 그 가르침을 널리 전파하도록 했다. 이것을 나는 '붓다의 전도 선언'이라고 부르거니와, 그리하여 파견된 비구들은 귀의하여 출가하고자 하는 사람이 생겼을 경우, 그들을 붓다 앞에 데리고 와서 그 허가를 받을 필요가 있었다. 그러나 먼 고장에서 그 일 때문에 일일이 찾아와야 한다는 것은 여간 힘드는 일이 아니었다. 그래서 붓다는 심사 숙고한 끝에 비구들에게도 수계, 즉 출가를 허가하는 권한을 주었다.

"비구들이여, 나는 허락하노니 너희는 각자 먼 고장에 있어서, 출가시키고 구족계(upasampada : 불교 교단에 들어오는 허가)를 주라. 비구들이여, 출가시키고 구족계를 주는 데는 이렇게 함이 좋도다. 먼저 머리와 수염을 깎고, 가사를 입고, 웃옷을 한쪽 어깨에 걸치고, 비구의 발 밑에 절한 다음 꿇어앉아서 합장하고 이렇게 말하게 하라.

'불(佛)에 귀의하나이다. 법(法)에 귀의하나이다. 승(僧)에 귀의하나이다.

다시 불에 귀의하나이다. 다시 법에 귀의하나이다. 다시 승에 귀의하나이다.

또다시 불에 귀의하나이다. 또다시 법에 귀의하나이다. 또다시 승에 귀의하나이다.'

비구들이여, 이렇게 삼귀의를 세 번 부르는 것으로 출가시키고 구족계를 줄 것을 허락하노라."

불(佛)이니 세존(世尊)이니 여래(如來)니 하는 것은 교조인 붓다를 가리키는 말이다. 법(法)이란 물론 붓다의 가르침이다. 그리고 승(僧)이라 함은 승가(僧伽) 즉 불교 교단을 뜻하며, 그 원어는 saṃgha이다. 이 불·법·승은 불교의 세 기둥이라고 할 수 있으므로, 이것을 세 보배 즉 삼보라고 한다.

이것들에 귀의(saraṇa)한다는 것은 삼보를 오직 의지한다는 뜻이다. 아마도 불교에서 가장 종교적인 특색이 발휘된 것은 이 삼귀의에 있다고 해도 좋으리라고 믿는다.

전 세기 전반부터 점차 불교, 특히 원시 불교의 진상을 이해하기에 이른 유럽의 학자들은 자주 불교의 종교성에 대해 왈가 왈부하며 논쟁을 벌여 왔다. 기독교의 전통 속에서 살아온 그들로서는 불교가 어째서 종교일 수 있는지 좀처럼 이해가 되지 않으리라. 그들의 선입견에 의하면 종교란 신과 인간의 관계이어야 했다. 그런데 이제 그들 앞에 나타난 불교는 아무래도 그런 기준에 맞지가 않았다. 가장 중요한 신(神)이니 구제자니 하는 것이 없었다. 이것이 어떻게 종교일 수 있는가? 그들이 당황한 것도 무리는 아니었다.

그리하여 어떤 학자는 "불교는 종교를 무시한다."고 했고, 또 어떤 학자는 "불교는 기도 없는 도덕 체계에서 출발하여 마침내 종교가 되었다."고 말했다.

이런 그들의 단정은 이제 와서 돌이켜 볼 때 매우 재미있는 점이 없지 않다고 하겠다. 불교가 종교를 무시했다는 것은 대체 무슨 뜻인가? 처음에는 도덕 체계이던 것이 차츰 종교가 되었다는 것은 무엇을 뜻하는가? 그런 생각은 결국 그들의 좁은 종교관의 틀 속에 어떻게 하든 불교까지도 욱여 넣으려고 한 데서 비롯된 견강부회로밖에는 보이지 않는다.

그러나 이제 사정은 많이 달라졌다. 기독교밖에는 알지 못하던 유럽의 학자들에게도 여러 종교에 관한 지식이 급속히 퍼졌기 때문이다. 그 중에는 그들의 좁은 종교관으로는 도저히 처리되지 않는 종교도 적지 않았다. 이제 검토되어야 할 것은 오히려 그들이 지니고 있던 종교관, 그것이었다. 그러면 대체 종교란 무엇인가? 그들은 다시 한 번 이 물음 앞에 서야 했다. 그리하여 그들은 원시 미개 종교로부터 기독교와 불교에 이르는 모든 종교를 앞에 놓고, 거기에 공통되는 본질적 요소가 무엇인지를 찾아보았다. 그 결과 그들이 마지막에 가서 부딪친 것은 '성스러운 것'이라는 개념이었다. 신의 유무가 종교의 성립을 결정짓는 것이 아니라, 성스러운 것이 추구될 때 종교가 성립한다는 의견이다. 그리하여 이번에는 불교도 또한 훌륭히 종교 속에 넣을 수 있다고 주장하기에 이르렀다. 이를테면 제데르블롬이 그의 저서 『신앙의 생성』에서 삼보를 가리키며

   "붓다가 인생의 황야 속에서 존재의 불행과 고뇌로부터 멀리 떠난 오아시스를 발견한 일, 거기에 성스러운 것이 풍성한 내용을 지니고 속된 것과 대치되어 있는 것이다."

라고 주장하는 것이 그 보기이다. 그러나 우리에게는 유럽의 학자들이 어떻게 생각하든 그것이 중대한 관심사일 수는 없는 문제이다. 그들이 불교를 종교의 범주 안에 넣든 넣지 않든, 불교는 몇 천 년에 걸쳐 종교 노릇을 해 온 것이 사실이다. 또 오늘의 우리에게도 훌륭한 종교임에 틀림없을 터이다. 그리고 불교인의 가장 엄숙한 종교적 심정은 붓다 재세시부터 현재에 이르기까지 저 붓다와 그 가르침과 교단에 대해 진심에서 삼귀의를 부를 때처럼 잘 나타나는 일은 없는 것이다. 그런 뜻에서 볼 때, 불교의 가장 종교적인 일면은 이 삼귀의에 있다고 해도 좋을 줄로 안다.

# 이타행(利他行)

　"고타마여, 우리는 바라문입니다. 우리는 스스로도 신에게 희생을 바치고 또 다른 사람들도 희생을 바치게 합니다. 고타마여, 이렇게 함으로써 우리 자신과 다른 사람들을 다 함께 행복할 수 있게 하는 것입니다.

　그러나 고타마여, 당신의 제자들은 가정을 나와 사문이 됨으로써 자기의 일신을 편안히 하고, 자기 일신의 괴로움을 없애려 합니다. 그렇다면 이것은 오직 자기 한 몸의 행복만을 위해 도를 닦는 것이 됩니다. 이것이 출가의 소행이라 생각되는데, 그대는 어찌 여기십니까?"

(『增支部經典』3 : 60 傷歌邏. 漢譯同本, 『中阿含經』14 傷歌邏經)

그 또한 붓다가 기원정사에 계셨을 때의 일이다. 상가라바라는 바라문이 찾아와서 질문을 했다. 바라문이란 앞에서도 말했 듯이 오랜 전통을 이어 오는 사제(司祭)들이므로, 새 사상가인 붓다와 그 제자들에 대해서 얼마쯤 적대 의식을 지니고 있었던 것 같다. 이제 이 바라문이 붓다에게 내놓은 질문에도 힐난하는 듯한 어조가 느껴지는 것이다.

그는 말했다. 우리는 신 앞에 제사를 지내고 희생을 드림으로 써 자기를 위해서나 남을 위해서나 복이 될 수 있는 길을 닦는 다. 그런데 붓다의 제자들이 출가하여 벌이는 행위를 보건대, 결 국은 자기를 통제하고, 자기를 편안케 하고, 자기의 고통을 없애 려고 마음을 기울이는 것 같다. 그것은 결국 자기 한 사람만을 위하는 길이 아닌가. 이것이 앞에 인용한 바라문의 질문 요지이 다. 이렇게 말한 바라문의 마음속에는 많은 사람들을 위한 행복 의 길이 한 사람을 위하는 그것보다 우월하다는 생각이 박혀 있 다. 말하자면 붓다와 그 제자들의 종교를 한 사람만을 위한 것이 라고 규정해 버림으로써, 그런 태도를 비난하려는 뜻이 뚜렷하 게 드러나고 있는 것 같다.

나는 이 바라문의 힐난하는 듯한 질문에 매우 큰 흥미를 느끼 게 된다. 왜냐하면 붓다와 그 제자들의 수행 태도에 대한 이런 의문은 여기에서 낡은 맞수인 이 바라문에 의해 제기된 데 그치 지 않고, 마침내는 불교 내부에서도 큰 논쟁을 불러 일으키고 말 았기 때문이다. 그 논쟁이란 대승(Mahāyāna)이라고 자처하며 새 로운 주장을 내세운 사람들과, 그들에 의해 소승(Hinayāna)이라 고 비난받으며 전통의 고수를 주장한 사람들 사이에 장기에 걸쳐서 행해진 이른바 '대승과 소승의 논쟁'이다. 그것은 후일에 이루어진 경전의 표현을 빌리자면 '상구보리(上求菩提)' 즉 진리를 추구하는 것과 '하화중생(下化衆生)' 곧 중생을 제도하는 것 중에서 전자를 자리(自利), 후자를 이타(利他)라 하여, 소승은 자리에만 급급하고 후자의 대의를 망각한 무리라고 비난한데서 비롯된 논쟁이었다. 이런 논쟁은 장기간에 걸쳐서 반복되었고, 중국을 통해 과거에 우리가 받아들였던 것은 다름 아닌 대승파의 불교였기에, 소승이라고 하면 매우 저급한 가르침인 것처럼 착각해 왔던 것도 사실이다. 그러나 그것은 어쨌든간에 지금 비슷한 내용의 질문이 바라문에 의해 붓다 앞에 제시되었다는 것은 매우 흥미 있는 일이 아닐 수 없다. 그러면 붓다는 이 문제에 대해 어떻게 대답하였던가?

"바라문이여, 그러면 그것에 대해 나는 그대에게 물어 보고 싶다. 생각대로 대답하라.

바라문이여, 그대는 이것을 어찌 생각하는가? 이 세상에 여래가 나타나서 이와 같이 설한다고 하자.

'이것이 도이다. 이것이 실천이다. 나는 이 길을 가고 이 실천을 완성함으로써 번뇌가 소멸되고 해탈을 얻을 수 있었다. 너희도 이리 와서 함께 이 길을 가고 이것을 실천함으로써 번뇌를 없애고 해탈을 얻도록 하라.'

이와 같이 여래가 법을 설한 결과, 다른 사람들도 그렇게 수행하여 해탈을 얻은 이가 수백·수천·수만에 이르렀다 하면,

바라문이여, 그대는 이것을 어떻다고 하겠는가? 이래도 여전히 출가하는 것은 한 사람을 위한 행복의 길이겠는가, 아니면 많은 사람들을 위한 행복의 길이겠는가?"

이렇게 질문받고 보니, 마침내 바라문도

"고타마여, 그렇다면 출가의 행위도 많은 사람들을 행복하게 하려는 길이라 하지 않을 수 없습니다."

라고 대답하지 않을 수 없었다.

이때 옆에서 그 바라문에게 말을 건 사람이 있었다. 그는 붓다의 비서격인 아난다(阿難)였다. 그는 바라문이 붓다의 반문을 받고 대번에 출가자의 태도가 많은 사람들을 행복하게 하는 길임을 인정하는 것을 보고, 좀 우쭐하는 마음이 들었는지 바라문을 향해 이렇게 질문을 던졌다.

"바라문이여, 그러면 이 두 가지 길에서 당신은 어느 것이 뛰어나다고 생각하는가?"

그 두 가지 길이란 물론 바라문들이 행하는 제사를 주로 하는 신앙과 붓다가 설한 출가 수행의 길이겠지만, 아난다로서는 이 기회에 그 바라문으로 하여금 불교의 우월성을 인정케 하려고 한 것이겠다. 그러나 바라문의 입장에서는 그런 고백은 하고 싶

지 않았으리라. 그는 다만

"고타마와 아난다 같은 이는 참으로 내가 존경하는 바요, 찬
탄하는 바요."

라고 말함으로써, 아난다의 추궁에서 몸을 사리려 들었다.
  아난다는 거듭

"바라문이여, 나는 그대가 누구를 존경하고 누구를 찬탄하고
있는가 물은 것은 아니다. 나는 이 두 길 중에서 그대가 어느 것
을 우월하다고 생각하는지 그것을 물은 것이다."

라고 추궁했으나, 바라문은 여전히 그것을 밝히려 하지 않았다.
그런 응대가 두 사람 사이에 세 번이나 되풀이되는 것을 보고,
붓다가 다시 입을 열었다.

"바라문이여, 오늘 왕궁에서 회합이 있은 듯하거니와 무엇을
이야기했는가?"

  화제가 바뀌어서 한숨을 돌린 바라문은 살아났다는 듯이 명랑
한 태도로 대답했다.

"고타마여, 오늘의 회합에서는 신통의 문제가 화제에 올랐습

니다. 옛날에는 사문은 적었어도 뛰어난 신통력을 발휘하는 사람들이 많이 있었는데, 지금은 사문의 수효가 엄청나게 많으면서도 신통력을 가진 사람이 적다는 이야기였습니다."

이리하여 좌석의 분위기가 약간 풀리자, 붓다는 그 신통력에 대해 이야기를 시작했다. 신통력이라는 말은 기적의 뜻이어서, 여느 사람으로서는 생각조차 못할 엄청난 능력을 발휘함을 이름이거니와, 그것에는 세 종류가 있다고 붓다는 말문을 열었다. 그 첫째는 신통 신변(神通神變), 둘째는 기설(記說) 신변, 셋째는 교계(敎誡) 신변. 그리고 붓다는 그 하나하나에 대해 설명을 했다. 그것을 요약해 보면 이렇다.

먼저 신통 신변이란 문자 그대로 기적에 해당하는 것이다. 이를테면 공중을 간다든지, 물 위를 걷는다든지, 허공에 앉는다든지 하는 기술을 말한다. 그것들은 결국 "환상 비슷한 것으로 여겨진다."는 것이 설명을 듣고 난 바라문의 소감이었다.

다음으로 기설 신변이라 함은 예언을 이름이다. 이를테면 점을 쳐서 미래를 예언한다든지, 신의 계시에 따라 닥쳐 올 일을 말한다든지 하는 것이다. 그런 일들도 역시 환상 같은 것이어서 그 당사자에게만 통할 뿐이라는 것이 바라문의 감상이었다.

마지막의 교계 신변이란 경전의 표현을 그대로 빌리자면

"너희는 이렇게 탐구하라. 이렇게는 탐구하지 말아라. 이렇게 사색하라. 이렇게는 사색하지 말아라. 이것을 끊어라. 그리고 이것을 체득하라."

는 식으로 이렇게 가르치는 것이다. 그것은 구태여 신통이니 신
변이니 할 필요도 없겠고, 붓다가 평소에 그 제자나 신자를 상대
로 살아온 생활이야말로 바로 그것에 해당한다고 하겠다. 붓다
는 그것을 이제 신변·신통이라고 일컬어, 기적·예언과 어느
쪽이 나은지를 바라문으로 하여금 판단하게 하려고 한 것이다.
이에 대해 그 바라문은

　"아 고타마여, 나는 마지막 신변을 가장 위대하다고 봅니다.
　세 가지 신통력 중에서 가장 뛰어나고 가장 묘하고 희유한 것
　은 그것입니다."

라고 대답했다. 이리하여 그는 그 자리에서 삼귀의를 부르고 붓
다에게 귀의했다는 것이 경의 결말이다.
　지금까지 다루어 온 경들에 비길 때 이 경은 꽤 길어서 여기서
는 다만 그 뼈대만을 소개한 데 지나지 않지만, 그 요점을 말하
자면 대략 세 부분으로 이루어져 있다고 볼 수 있겠다. 그 첫째
부분은 그 바라문의 힐난하는 듯한 질문과 그것에 대한 붓다의
대답이다. 둘째 부분은 아난다와 바라문 사이에 벌어진 문답이
며, 셋째 부분은 붓다가 세 가지 신통력에 대해 설명함으로써 그
바라문을 귀의시킨 대목이다. 그리고 그 전체를 일관하는 주제
는 결국 붓다의 가르침이 한 사람을 위하는 길인가, 아니면 여러

사람을 위하는 길인가 하는 문제이다.

이미 언급한 바와 같이, 이 문제를 둘러싸고 후대에 불교 내부에서 이른바 '대승과 소승의 논쟁'이 벌어진 바 있다. 대승을 자처하는 사람들은 마치 이 바라문처럼 붓다의 가르침에 따라 수도에 전념하는 비구들의 태도를 자기만을 위하는 길이라 하여 비난하고, 이타행의 우월성을 주장했다. 물론 그들이라 해도 붓다 당신을 논란의 대상으로 삼지는 못했다. 그들은 자기들의 비위에 맞도록 경전을 숱하게 만들어 가는 동시에, 아라한트 (arahant, Pāli ; arhat, Skt.) 즉 아라한(阿羅漢)과 성문(聲聞 ; sā-vaka)·연각(緣覺 ; pacceka-buddha)을 공격했던 것이다. 아라한이란 번뇌를 끊고 진리를 깨달은 성자이며, 성문이란 붓다의 가르침에 따라 수도하는 사람, 연각이란 붓다의 가르침에 의함이 없이 스스로 깨닫는 사람을 가리키는 바, 그들은 자기의 해탈에만 전념할 뿐 다른 사람들을 돌보지 않는다는 것이 대승 쪽의 주장이었다.

그러면 붓다의 태도는 어떠했는가? 그것을 놓고 생각할 때 마땅히 상기해야 할 일은 저 보리수 밑에서 붓다가 설법을 결의하게 된 경위와, 아울러 미가다야에서 최초의 설법에 성공한 붓다가 마침내 제자들을 향해

"비구들이여, 전도를 떠나라. 많은 사람들의 이익과 행복을 위하여. 세상 사람들을 가엾이 여기고, 인천(人天)의 이익과 행복과 안락을 위하여."

라고 말한 이른바 '전도 선언'이겠다. 그 전자에 대해서는 이미 제3장에서 그 미묘한 경위를 상세하게 서술해 놓았거니와, 그것은 결국 상구보리의 길이 하화중생의 길과 다르지 않다는 것을 말해 주고 있다. 보리수 밑에서 정각을 성취하기까지의 붓다는 명백히 자기 문제의 해결을 위해 심신을 바친 사람이었다. 그러나 일단 문제의 해결에 성공하자, 붓다는 뜻하지 않았던 불안을 맛보아야 했다. 오직 자기 혼자 그 진리를 지니고 있기가 어려웠기 때문이다. 아리스토텔레스의 말을 빌리자면 인간은 사회적 동물인 까닭이다.

이리하여 붓다는 마음의 한구석에서 "고생 끝에 가까스로 깨달은 것을 어째서 다른 사람들에게 설해야 하는가?"라고 중얼거리면서도 결국은 "나는 이제 감로(甘露)의 문을 여노라."라고 선언하고 일어설 수밖에 없었다. 그렇게 하여 겨우 설법할 결심을 하게 된 붓다는 마침내 전도를 위해서 제자들을 떠나 보내게 되자, 명확히 그 목표를 많은 사람들의 이익과 행복과 안락에 두었고, 또 스스로도 45년에 걸친 긴 생애를 그것을 위해 바쳤던 것이다. 그 덕택으로 수천 수만 명의 사람들이 진리에 눈뜨고 바르게 인생을 살아갈 수 있었던 것이며, 그 여택은 멀리 오늘에까지 미치고 있는 것이다. 붓다가 그 바라문을 설득하여 그 길이 많은 사람의 행복과 연결되어 있다고 납득시킨 것도 그렇기 때문이었다.

그러나 다시 거슬러 올라가, 어째서 그 바라문은 붓다의 길이 한 사람만을 위하는 것이라고 생각했느냐고 한다면, 거기에도 그만한 이유가 있었음이 명백하다. 왜냐하면 붓다의 가르침에서는 자기의 개안(開眼), 자기의 해결, 자기의 확립이 항상 앞서는 까닭이다. 후세 대승파의 말을 빌리자면 상구보리가 선행하는 것이다. 앞에 나온 '전도 선언'에다가 덧붙인다면

"비구들이여, 나는 인천(人天) 세계의 모든 구속으로부터 벗어나 자유의 몸이 되었다. 너희도 또한 인천 세계의 모든 구속에서 벗어나 자유로운 몸이 되었다. 비구들이여, 그러므로 전도하기 위해 떠나라. 많은 사람들의 이익과 행복을 위하여."

라는 논리가 되겠다. 즉 자기 자신이 선결 문제인 것이다. 자기가 자유를 얻지 못한 주제에 어떻게 남을 자유롭게 하여 줄 수 있으랴. 만약 진리에 눈뜨지도 못한 사람이 남의 손을 잡아 길을 인도하려고 든다면 둘이 다 함정에 빠지고 말 것은 불을 보듯 뻔한 일이다. 이것이 붓다의 논리였다.

# 불해(不害)

사람의 생각은 어디로나 갈 수 있다.

그러나 어디로 가든

자기보다 더 소중한 것은 찾아볼 수 없다.

그와 같이 다른 사람에게도

자기는 더 없이 소중하다.

그러기에 자기의 소중함을 아는 사람은

다른 사람을 해해서는 안 된다.　　　　　（『相應部經典』3：8 末利）

　'말리'라는 경의 제목부터 설명해 두고자 한다. 그것은 중국에서 번역할 때 '마리카(Mallikā)'라는 팔리 어의 발음을 그대로 옮긴 것이지만, 어쩌면 일본에서 '말리(茉莉)' 또는 '말리화(茉莉花)'라고 일컫는 관상용의 작은 관목이 그것에 해당할지도 모른다고 나는 혼자서 추측하고 있다. 이제 옆에 있는 사전을 펼쳐 보니, 말리화는 인도가 원산인 목서과의 상록수 관목이며, 잎은 타원형이고 여름 저녁에 백색 분형(盆形)의 향기 높은 다섯 개 의 꽃이 핀다고 되어 있다. 어쨌거나 여기서 '말리' 라고 한 것은 코살라 국 파세나디 왕의 왕비 이름을 딴 것이라고 한다. 그 왕비가 이렇게 불린 까닭은, 그녀가 날마다 그 꽃으로 화관을 만들어 썼기 때문이라는 설이 있다. 한역에서는 승만(勝鬘)이라고 하며 일찍부터 열렬한 신자가 되었던 사람이어서 경전에도 자주 그 이름이 나온다.

그런데 이 경의 서술은 사바티(舍衛城) 왕궁의 높은 다락에 오른 파세나디 왕과 그 옆에 자리한 마리카 왕비의 대화에서 시작된다. 그 다락에서 바라보는 경치는 장관이었을 것이 틀림없다. 북쪽으로부터 동북쪽에 걸쳐 있는 눈에 뒤덮인 히말라야의 수많은 봉우리들이 아득한 원경으로 보였을 것이다. 또 서쪽으로부터 남쪽에 걸쳐서는 코살라의 평원이 끝없이 발 밑에 펼쳐졌으리라. 그런 대자연 앞에 서게 될 때, 사람이란 번거로운 일상 생활에서 벗어나서 무엇인가 엉뚱한 생각을 하기 쉬운 법이거니와, 그 날의 왕과 왕비의 대화에도 분명히 그런 점이 나타나 있는 것 같다.

잠시 조망을 즐기고 있던 왕이 갑자기 생각한 것은 이 넓고 넓은 세상에서 자기에게 가장 소중하고 사랑스러운 것이 무엇일까 하는 것이었다. 경전은 그런 생각을 하게 된 자세한 경위에 대해 별로 말하고 있지 않으나, 왕의 생각은 대개 이런 경로를 더듬지 않았나 추측된다.

저 히말라야의 연봉은 참으로 장관임에 틀림없다. 그렇다고 그것을 무엇과도 바꿀 수 없다고는 할 수 없다. 가령 너는 히말라야를 바라보면서 하루를 살겠느냐, 아니면 히말라야가 없는 곳에서 백 년을 살겠느냐고 할 때 어느 누가 전자를 택하겠는가. 아니 한 끼의 밥과도 안 바꾸려고 할지도 모른다. 또 눈앞에 펼쳐지는 이 코살라의 평원! 그것은 얼른 보기에 무엇과도 바꿀 수 없는 보배처럼 보이기도 한다. 그러나 그것도 자기가 이 나라의 왕이기 때문인지도 알 수 없다.

이렇게 생각해 보면, 아무래도 이 세상에서 가장 소중한 것은 자기밖에 없다는 결론이 나온다. 이 자기야말로 히말라야나 코살라 평원과도 바꿀 수 없는 귀중한 것임에 틀림없다. 그러나? 그러나 나만이 그렇게 생각하는 것일까? 나는 이 나라의 왕이다. 권세와 영화를 마음껏 누리고 있다. 그러기에 '나'라는 존재가 나에게 소중할 수밖에 없는 것일까? 저 땀을 흘리며 일하는 농부나 상인들은 어떨까? 그들은 하루하루를 살아가기 위해 갖은 고생을 하여야 한다. 그들은 자기에 대해 어떤 생각을 지니고 있을까? 자기 같은 것은 아무것도 아니라고 대수롭지 않게 여기고 있을까? 아무래도 그럴 것 같지는 않았다. 그들도 역시 자기를 더 없이 소중하게 알고 있을 것 같았다. 무엇 때문에 그런 고생을 하면서 살아가느냐고 할 때, 역시 무엇보다도 자기의 몸이 소중하기 때문이라고 생각되었다.

왕은 마침내 옆에 있는 왕비를 바라보았다.

"중전, 그대에게는 자기 자신보다도 더 소중한 것, 더 사랑스
러운 것이 있다고 생각하시오?"

뜻하지 않은 질문에 좀 놀랐지만, 마리카는 잠시 생각한 끝에
대답했다.

"대왕이시여, 저에게는 저보다 더 소중한 것은 없는 듯 생각
됩니다. 대왕이시여, 대왕께서는 어떠십니까?"
"나도 그렇게 생각했기 때문에 묻는 말이오."

왕도 이렇게 말하면서 고개를 끄덕였다. 이리하여 인간에게
가장 소중한 것은 자기 자신이라는 점에 두 사람은 완전히 동의
하였다.

이런 그들의 결론은 정당하다고 보아야 되겠다. 저 고대에 왕
과 왕비의 대화가 이런 결론을 이끌어 냈다는 것은 매우 드문 일
이라고 하여야 될지도 모른다. 이 결론은 현대의 우리에게까지
호소하는 힘을 가지고 있다. 거기에는 에고(ego ; 자아)의 진상이
있으며, 이 에고이즘(egoism ; 자아 중심)을 무시한 사상이란 결국
인간 관계의 원리로서는 어떤 힘도 발휘하지 못하고 말 것이다.
그런데 왕과 왕비는 그들의 결론에 대해 약간 불안을 느끼지 않
을 수 없었다. 그것은 붓다가 평소에 그들에게 가르친 것과 차이
가 있는 것 같았기 때문이다. 그래서 파세나디 왕은 급히 마차를
달려 기원정사로 붓다를 찾아갔다. 무엇인가 모르는 것이 있을

때는 붓다에게 묻는 것이 이 왕의 버릇이었다.

급히 달려온 왕이 이야기하는 것을 흥미 있게 듣고 난 붓다는 머리를 끄덕이면서 그들이 도달한 결론을 그대로 긍정했다. 그리고 그들을 위해 설해 준 게가 이 장(章)의 첫머리에 인용한 일절의 운문이다.

그 내용은 그들의 결론을 일단 인정하고, 거기에서 한 걸음 더 나아가야 함을 설한 것이라고 할 수 있다. 그것은 누구라도 이해할 수 있는 내용이거니와, 구태여 해설을 붙이자면 대개 이런 뜻이 될 것이다.

사람의 생각이란 참으로 자유 자재한 것이어서 어디라도 달려 갈 수가 있다. 여기 앉은 채 멀리 유럽이나 미국으로 날아갈 수도 있겠고, 달이니 금성이니 하는 것을 상상할 수도 있다. 백만 장자가 되기를 꿈꾸고, 제왕의 영화를 부러워하는 것도 다 생각의 작용이다. 그러나 생각이 어디로 달리든간에 자기보다 더 소중한 것이란 아무 데도 존재하지 않는다. 아니 우리가 이리저리 생각을 달리어 많은 재물과 제왕 같은 권력을 꿈꾸는 것도 결국은 자기라는 존재가 더 없이 소중한 까닭이다. 자기가 소중한 까닭에 무엇을 입을까, 무엇을 먹을까를 생각하고, 더 큰 권력과 명예를 획득함으로써 자기를 남보다 우월한 위치에 놓고 싶어지는 것이다.

그러므로 붓다는 그 왕이나 왕비보다도 더 명확하게 그 사실을 긍정했던 것이다. 그러나 거기에서 멈추지 않고, 다시 한 걸음 나아가서 생각해야 된다는 것을 그 게의 후반에서 설명하였다.

　　그와 같이 다른 사람들에게도
　　자기는 더 없이 소중하다.

　어쩌면 이것은 아무것도 아닌 것처럼 느껴지리라. 사실 누구
라도 마음속에서 생각할 수 있는 일임에 틀림없다. 우리는 매우
슬펐던 어떤 체험을 통해 같은 처지에 놓인 사람의 심정을 공감
할 수 있다. 공감뿐이 아니라 함께 울 수도 있다. 이런 것은 다소
간 누구에게나 있기에 동병 상련이라는 말도 있지 않은가.
　이제 파세나디 왕과 그 왕비가 자기처럼 소중한 것은 다시 없
다고 생각한 데 대해, 붓다는 그것은 그렇다고 인정해 주고 나서
그런 생각을 남에게까지 확장시키라고 충고했다. 이것은 사실
누구라도 할 수 있는 일임에 틀림없다. 왜냐하면 인간의 마음속
에는 원래 그런 능력이 있는 까닭이다. 그것을 나는 '이성의 법
칙'이라고 부르고 싶다.
　이성(理性)이라는 말은 왠지 차가운 데가 있다. 그것을 우리는
잘 알고 있으며 능히 느낄 수 있다. 그리하여 이성의 그러한 점
에 대해 혐오의 느낌조차 지니기 마련이다.
　그러면 이성에 따르는 그 차가움이란 어디서 나오는 것일까?
그것은 이성 속에 무엇인가 우리를 떼밀어 내는 성질이 있기 때
문인 듯하다. 우리의 일상 생활이란 애욕과 증오의 소용돌이라
고 할 수 있다. 그 소용돌이를 떠나 제3자의 입장에서 자기 자신

을 응시하는 눈은 필연적으로 지성적인 맑음을 지닐 수밖에 없기에, 그 눈초리(이성)에서 받는 인상은 차가울 것이다. 또 이렇게 말할 수도 있다. 우리의 일상 생활이란 자타(自他)의 대립 속에 파묻혀 있는바, 그런 대립 속에서는 앞에서 말한 에고(自我)가 저마다 자기를 주장하기 마련이다. 그런데 이성은 그 대립을 떼밀어 젖히고 냉정히 자아를 바라보는 것이기에 그 눈초리는 차가울 수밖에 없다. 그러나 차갑다고 해서 반드시 나쁘다고는 하지 못하리라. 열에 들떠 있는 소용돌이 속에서 인류를 건지는 것이 있다면, 그건 차갑고 맑은 이성의 작용일 것이기 때문이다.

나는 감히 말하거니와, 불교는 어딘지 차가운 데가 있다. 붓다 그 분의 말씀을 놓고 보아도 그런 차가움이 곳곳에서 느껴진다.

이 인생이란 결국 괴로움이다. 너희는 먼저 이 사실을 확고히 인식해야 한다. 그렇게 가르치는 붓다의 말씀에는 우리를 섬뜩하게 만드는 무엇이 있다. 만약 그런 붓다의 말씀을 읽고도 아무렇지 않다면, 그것은 그 사람이 글자의 표면만을 스치고 지나갔기 때문일 것이다.

또 붓다는 탐욕에 대해 이렇게 말했다. 그것은 마치 마른 풀로 만든 횃불을 들고 바람이 불어 오는 방향으로 달리는 것과 같으며, 만약에 빨리 그 횃불을 던져 버리지 않는다면, 그 불은 그의 손과 그의 온몸을 태우고 말리라고. 적어도 진지하게 이 말씀을 생각하는 사람이라면, 누가 가슴이 섬뜩해 오지 않겠는가.

또 『법구경』의 한 게는 붓다의 가르침을 이렇게 전하고 있다.

"제가 악을 행하여 스스로 더러워지고, 제가 악을 떠나서 스스로 청정해진다. 저마다 스스로 청정해지고 부정해지나니, 사람은 남을 청정하게 하지는 못하리."

인과 필연(因果必然)·응보 무정(應報無情)! 그 도리에 틀림은 없다고 해도, 그렇게까지 차갑게 말하지 않아도 좋았을 것이라고 생각하는 사람도 있으리라. 그러나 두루 사람들에게 위안을 줄 수 있도록 말을 꾸민다고 해서, 그것이 우리의 구원은 될 수 없는 것이겠다. 적당히 얼버무리는 말을 좋아하는 이에게는 오직 전락의 길이 있을 뿐이다. 또는 가공(架空)에 취하고 환상을 뒤쫓는다면, 구제의 문은 영원히 열리지 않을 것이다.

그러므로 붓다는 신(神)을 내세우지 않는다.

그러므로 붓다는 어떤 천국, 어떤 극락도 약속하지 않는다.

그러므로 붓다는 자기만 의지하면 어떤 죄라도 소멸한다는 그런 계약을 남발하지도 않는다.

그러므로 붓다는 영생을 제공함으로써 인간의 본능적 욕구를 만족시켜 주려고도 하지 않는다.

붓다는 그런 환상과 오류와 비합리적인 것을 일체 부정하고 타파하였다. 그리고 나서 비정하리 만큼 냉철한 눈을 가지고 존재와 인간의 진상을 관찰하고 투시하였다. 그리고 그 위에 참다운 구제의 길을 세웠다. 그런 뜻에서 보면 붓다가 간 길은 어디까지나 이성의 길이었다고 할 수 있다. 그는 인간 구제의 대업을 신에게 의탁하지도 않았고 기적에 맡기지도 않았다. 인간 누구에게나 있는 이성, 그것에 의해 구제의 길을 발견하고 확립했던 것이다.

여기서 우리는 다시 한 번 붓다가 왕에게 설한 게의 문구를 상기해 볼 필요가 있겠다. 붓다는 그 왕과 왕비가 말하는 에고를 그대로 인정하고 나서, 그와 마찬가지로 다른 사람들에게도 자기는 더 없이 소중하다고 가르쳤다. 그것은 누구라도 할 수 있는 말처럼 생각될지 모르나, 불교를 가능케 하는 '이성의 법칙'의 하나가 그것을 통해 설명되고 있음을 알아야 한다.

이미 말한 바와 같이 붓다가 구사한 이성의 영위에는 주로 두 가지 측면이 있었다고 생각된다. 그 하나는 애욕과 증오의 소용돌이 속에서 허덕이고 있는 자기를 제3자의 처지에 서서 냉철하게 관찰하는 일이다. 무상·고·무아의 원리는 이런 작용 속에서 발견된 것이라고 할 수 있다.

또 하나는 자타의 대립 속에 서 있는 자기를 떠나 그와 나의 입장을 바꾸어 놓고 생각하는 일이다. 다시 말하면 나에게 내가 소중하듯이 그에게도 그가 소중할 것이라는 것을 인식하는 일이다.

만약 인간이 이러한 이성을 무시하고 오로지 자기애(愛)의 주장에만 귀를 기울인다면, 아마도 인간의 세계는 "모든 사람이 모든 사람에 대해 이리"가 되지 않을 수 없을 것이다. 그리하여 붓다는 우리의 세계가 그런 수라장이 안 되게 하기 위해서는 저마다 이성의 길을 걸어가야 한다고 가르친 것이다.

"그러기에 자기의 소중함을 아는 사람은 다른 사람을 해해서
는 안 된다."

파세나디 왕에게 설해 준 게의 결구는 바로 그것을 말한다고
보인다. 즉 모든 사람이 서로 이해를 따라 아귀다툼하는 상태를
종식시키고, 이 세계를 진정한 평화의 고장으로 만들기 위해서
는 이 '이성의 법칙'을 따라야 한다는 것이다. 거기에서 아힘사
ahiṃsā) 즉 불해(不害)의 덕목이 생겨나는 것이며, 자비의 덕목
이 생겨나는 것이다. 왕에게 다른 사람을 해해서는 안 된다고 하
신 말씀은 바로 이 아힘사(불해)의 덕목을 가리킨 것임을 알 수
있다.

아힘사는 '불해'라고 번역된다. 또는 '불상생(不殺生)'이니
'불상해(不傷害)'라고도 번역되는 수가 있다. 그 원어 역시 "해
한다" 또는 "죽인다"의 뜻인 hiṃsā에 a라는 부정사가 붙은 말이
다. 그러기에 아마도 이 덕목을 어딘지 소극적인 것인 양 생각하
는 사람들도 적지 않으리라고 믿는다. 이렇게 말하는 나 역시 전
에 이 말로부터 그런 인상을 받은 적이 있다. 그러나 잘 생각해
보면 그것은 큰 오류임을 누구나 이해하게 될 것이다. 도리어 모
든 덕목 중에서 가장 기본이 되는 것이 불해임을 알게 될 줄 믿
는다. 어째서 그런가?

지금껏 누누이 말해 온 바와 같이 이 덕목은 자타의 입장을 이
성에 의해 전환시킬 때 생겨난다. 내가 나에게 가장 소중하듯이
남들도 저마다 자기가 소중할 것이라는 생각에서 이 덕목은 생

겨나기 마련이다. 그렇다면 사람마다 자기에게 가장 요망되는 것은 무엇인가?

이름을 드날리고도 싶으리라.

생활이 풍족했으면 하는 욕망도 있으리라.

또 자기와 가족의 건강도 당연히 바라리라.

그러나 그 어느 소원도 자기의 생존과는 바꾸지 못하는 것이 인간이다. 살고 싶다는 것이 인간의 기본적이요 가장 강렬한 소망이며, 죽고 싶지 않다는 것이 인간 최대의 비원임이 분명하다. 이런 자기의 비원을 남에게까지 확장시킨 것, 그것이 아힘사의 정신이다. 거기에서 사랑과 자비도 생겨나는 것이며, 평화와 번영도 그 위에 구축되지 않으면 안 된다. 오늘 핵무기의 위험으로부터 인류를 지키고자 하는 움직임도 이 이성의 소리라고 할 수 있다.

# 자비(慈悲) 깨달음의 의미

가르침의 도리를 잘 이해한 사람이
자유의 경지에 이른 다음에 할 일이 이것이니,
유능·솔직하고 그리고 단정할 것,
좋은 말을 하고 유화하고 거만하지 않을 것.

족한 것을 알고 과욕(寡慾)할 것,
잡스러운 일에 매이지 않고 간소하게 살아갈 것,
오근(五根)[9]이 청정하여 총명·겸허할 것,
단월(檀越)[10]의 집에 가서 탐심을 내지 말 것.

---

9) 다섯 가지 감각 기관. 눈·귀·코·혀·피부.
10) dānapati. 시주. 즉 보시를 하는 사람.

더러운 짓을 하여 식자의 비난을 사지 말라.

오직 이런 자비심을 닦을지니,

일체의 생명 모든 사람에게

행복과 평화와 은혜 있으라고.


비록 어떤 사람이거나

두려움에 떠는 범부거나, 깨달아서 두려움 없는 성자거나

키 큰 사람이거나, 그 몸이 비대한 사람이거나

중간쯤 되는 사람이거나, 작은 사람이거나  말하기에도 부족
한 사람이거나


눈에 보이는 사람이거나, 보이지 않는 사람이거나

멀리 있는 사람이거나, 가까이 있는 사람이거나

이미 태어난 사람이거나, 앞으로 태어날 사람이거나

일체의 생명 모든 사람에게 행복 있으라고.


서로 남을 속이지 말며

어디의 누구에게라도 경멸하는 생각을 지니지 말라.

분하다든지 또는 미웁다 하여

남이 고통에 빠질 것을 원하지 말라.


마치 어머니가 그 외아들을

자기 목숨을 걸어 지키는 것처럼

일체의 생명 또는 사람에게
끝없는 자비심을 베풀라.

참으로 일체의 세간 위에
끝없는 존재 위에 그 마음을 베풀라.
높은 데 깊은 데 또 사방에 걸쳐
원한 없는 적의 없는 그 생각을 쏟아라.

설 때나 길을 갈 때나 앉을 때나 누울 때나
깊은 잠에 빠져 있지 않는 한
힘을 다해 이 생각을 지니라
이에 '성스러운 경지'라 함은 이것이니라.

(『小部經典』經集 1 : 8 慈經)


매우 긴 인용이지만, 이것은 소부 경전에 속하는 『수타니파타
(Suttanipāta)』에 수록되어 있는 '자경(Metta-sutta)'의 거의 전부
에 해당한다(마지막의 한 게만을 뺀 것). 옛 주석에 의하면 설산 즉
히말라야 산기슭에서 저마다 따로 떨어져서 수도하고 있는 비구
들이 자주 도깨비 같은 것 때문에 고생한다는 말을 들은 붓다가
그들을 위해 설한 것이 이 경이라고 한다. 따라서 이 경은 흔히
자호주(慈護呪 ; Metta-paritta)라고도 불린 듯하다. 호주라고 하
면 자칫 오해를 불러 일으킬 염려가 있기에 말해 두는 것이지만,
그것을 결코 주문이나 주술적인 것으로 알아서는 안 되겠다. 이

성의 사람인 붓다에게는 그런 점이란 전혀 없었던 것이 사실이며, 대승 경전에 나타나는 주문이라든지, 심지어는 진언종(眞言宗)의 주장 같은 것은 붓다의 뜻에서 먼 것임을 명백히 해 두어야 하겠다.

붓다는 자주 제자들이나 재가 신자들에게 게(운문)를 주어서, 그것을 되풀이하여 외게 함으로써 문제를 해결시킨 일이 있었다. 앞에도 나왔거니와 코살라 국의 파세나디 왕이 과식으로 말미암아 몸이 비대해지고 숨이 차서 고생하는 것을 보았을 때는

사람이란 스스로 헤아리어서
양을 알아 음식을 먹어야 하리.
그러면 괴로움도 적을 것이며
더디 늙고 수명도 보존하리라.

라는 게를 주었던 것이었다. 왕은 시중드는 아이를 시켜 끼니 때마다 그 게를 부르게 하고 차차 음식의 양을 줄여 갔기 때문에 마침내 건강을 회복할 수 있었다고 한다. 그것은 게 자체에 어떤 주술적인 신비한 힘이 있었기 때문은 아니었다. 그것보다는 자꾸 그 게를 들음으로써 마음이 각성되어 드디어는 좋은 결과를 낳았다고 보아야 하리라.

또 하나 보기를 들면, 붓다가 전도를 시작한 지 얼마 되지 않았던 시절의 일이거니와, 라자가하(王舍城)의 젊은이들이 다투어 출가하여 붓다의 제자가 되었다. 그 때문에 라자가하의 주민

들 사이에 불안한 공기가 떠돌아, 탁발하는 붓다의 제자들은 가끔 원성을 들어야 했다. 사문 고타마가 자기들의 자식을 뺏고 남편을 뺏는다는 불평이었다. 그런 비난으로 고민하는 제자들에게 붓다는 한 게를 설해 주었다.

여래는 법으로써 사람을 인도하거니
법에 오는 것을 시기함은 그 누구뇨.

그리하여 제자들은 원망하는 소리가 들릴 때마다 이 게를 외면서 탁발했다. 그랬더니 7일 뒤에는 잠잠해졌다고 한다. 이것 역시 그 게가 무슨 주술적인 구실을 했기 때문은 아니었을 것이다. 그 게가 듣는 사람들의 가슴속에 법에 대한 존경심을 불러일으킨 까닭이라고 볼 수밖에 없다.

그리고 이제 독거 생활을 하고 있는 수도승들에게 이 경의 게가 자호주(慈護呪)로서 받아들여졌다는 것도 역시 그것이 어떤 주술적인 능력을 발휘하여 유령이나 도깨비를 물리쳤다는 것은 아니리라. 도리어 그 게를 밤낮 없이 욈으로써 일체의 생명과 모든 사람에 대한 자비심으로 가슴이 가득 찬 비구들은 이미 독거에서 오는 고독감이나 공포도 느끼지 않게 되고, 히말라야의 황량한 위력 같은 것도 문제로 느끼지 않게 된 것뿐이다. 자비심이라는 것은 그럴 정도로 위대한 힘을 지니고 있기 때문이다. 그러면 이 '자경'의 내용을 따라 그 요점에 대해 해설을 시도해 보겠다.

먼저 지적해 두어야 할 것은 이 경의 전체적인 구성이다. 이 경은 말할 것도 없이 자비를 주제로 하고 있다. 그럼에도 불구하고 이 경은 우선 자기의 수행(修行)부터 설하고 있는 것이다. 그것은 무슨 까닭인가?

무릇 붓다의 가르침이란 철두철미 하나의 행(行)이라고 할 수 있다. 가르침이라고 하면 왠지 학문적인 느낌이 들고, 이해하기만 하면 되는 것처럼 생각할지도 모른다. 그러나 붓다가 설한 가르침이란 어디까지나 진리에 의해 살아갈 것을 말씀한 것이지, 결코 공리 공론을 내세운 것은 아니었다. 붓다가 영원이니 내생이니 하는 문제에 대해 대답하기를 거부한 것도 그것이 수행에 아무 도움도 되지 않는다는 이유에서였음을 우리는 똑똑히 기억해 둘 필요가 있다. 이른바 붓다의 깨달음이라는 것도 그것을 어떤 인식이라고 안다면 큰 오해를 범한 것이 된다. 그것은 인식을 넘어선 지행(知行) 일치의 세계, 아니 지행 이전의 더 근본적인 하나의 체험이었던 것이니, 불교가 행(行)으로써 근본을 삼는 것도 다 그 때문이라 하겠다. 그러므로 불교인이란 먼저 그 가르침을 잘 이해해야 되겠지만, 거기에 그치지 않고 수행을 거듭하여 열반의 경지에 도달해야 된다. 열반이란 지식상의 문제가 아니라 위대한 체험의 세계이다. 여기에 이르지 못하고서는 일체의 언설과 지식이 소용없는 것이다. 그러기에 먼저 수행에 의해 열반, 즉 '자유의 세계'에 이를 것이 강조된 것이겠다.

그러나 여기서 자칫 오해가 생기기 쉽다. 열반에 도달하면 그것으로 만사가 끝난 듯 생각하는 착각이 그것이다. 과거에 위대했던 불교인 중에도 그런 함정에 빠진 사람들이 적지 않았다. 어떤 깨달음에 도달했다고 해서 그 순간부터 계율을 무시하고 엉뚱한 행동을 한 사람들이 있었던 것을 우리는 알고 있다. 그들은 으레 '대승'을 내세웠지만, 대승·소승의 구별이 본래 무의미함을 우리는 앞에서 보았다. 어떤 명목에서건 비구가 자기의 청정한 행동을 포기한다는 것은 분명히 타락이라고 아니할 수 없을 것이다. 이런 태도는 자유니 깨달음이니 하는 것에 도리어 얽매여 버린 것이어서, 진정한 자유도 아니요 진정한 깨달음일 수도 없다. 그러기에 붓다는

"자유의 경지에 이른 다음에 할 일은 이것이다."

라고 못박고 계시는 것이다. 이 '자경'에서 볼 때 이 한 행의 말씀은 이제부터 설하려 하는 주문에 대한 하나의 전제 구실을 하고 있음이 분명하거니와, 이것은 이것대로 모든 불교인에게 큰 경종이 되는 것이라 해도 과언은 아닌 줄 안다.

자유의 경지 즉 열반에 이르렀을 때, 해야 할 일은 더욱 많아지는 것이다. 지금껏 갖은 애를 다 써서 자기를 단련한 것은 목숨이 다할 때까지 이 삶을 훌륭히 살아가기 위한 것이었기 때문이다. 그것은 마치 학교에서 공부하는 것이 사회에 나와 훌륭한 사회인이 되고자 하는 소망 때문인 것과 같다. 대학을 졸업했다고 해서 그것으로 그 사람의 인생이 끝나 버린다면, 그때까지 받은 교육이라는 것이 무슨 소용이 있겠는가. 물론 열반의 경지를

대학 졸업에 비유한다는 것은 적당하지가 못하다. 열반의 경지는 바라기만 하면 아무나 얻을 수 있는 그런 것이 아니며, 피나는 노력을 했다고 해서 반드시 보장되는 길은 아니기 때문이다. 그러므로 열반의 획득이라는 것은 그 자체만으로도 이루 말할 수 없을 만큼 장한 일임에 틀림없다. 그러나 그렇다고 하여 거기에서 그쳐도 좋다는 이론은 나올 수 없다. 백만 명에 하나도 얻기 어려운 것을 얻었기에 그 사람에게는 더욱 해야 될 일이 많아지는 것이다.

그 사람에게는 먼저 유능할 것이 요구된다. 깨달았다고 하여 열반에 도달하였다고 하여, 그에게 그대로 어떤 방편이 생겨나는 것은 아니기 때문이다. 그는 다른 사람을 바른 길로 인도할 자격과 능력이 있다. 그러나 그것이 그대로 구제의 실현을 보장해 주는 것은 아니다. 그는 다시 여러 가지 일을 배워야 한다. 특히 다른 사람들이 무엇을 생각하고 있는지, 무엇을 원하고 있는지, 그런 것에 통달할 필요가 있다. 그리고 어떻게 그들을 이끌어 가야 할지 그 방법을 세울 수 있어야 한다. 이 점에서도 붓다는 훌륭한 수범을 끼쳐 놓았다. 이미 앞에서 말한 바 있지만, 붓다는 자기가 체득한 진리를 그대로 설한 것은 아니었다. 그는 그것을 체계화하고 몇 개의 조항으로 요약함으로써 누구나 알아듣기 쉽도록 만들었다. 또 그는 상대의 질문에 따라 그때마다 거기에 알맞은 설명을 해줄 수 있었다. 이것이야말로 불교인들이 본받아야 할 '유능'이리라.

다음으로 요구되는 덕목은 솔직이다. 두 점을 연결하는 가장 짧은 거리는 직선이라고 하거니와, 솔직처럼 위대한 힘을 발휘하는 것도 드물 터이다. 사람은 누구나 어떤 힘에 대해서는 저항하려는 본능을 가지고 있지만, 이 솔직이라는 덕 앞에서는 아주 간단히 무릎을 꿇기 때문이다. 붓다는 어떤 경우에라도 책략을 쓴 적이 없다. 누구에게나 진정을 그대로 쏟아 놓았다. 그가 위로는 왕공으로부터 밑으로는 천민에 이르기까지 각계 각층의 귀의를 받을 수 있었던 것도 이런 솔직의 힘이라고 할 수 있다.

이런 말은 그의 수도 과정에 대해서도 할 수 있다. 붓다는 왕족 계급으로 태어났다. 비록 작은 나라이었을망정 그의 일생은 부귀가 약속되어 있었다. 그는 자기의 큰 의문을 해결하기 위해서 출가가 필요하다고 느끼자, 서슴없이 그것을 단행하였다. 그것을 용기라고 하면 용기임에 틀림없겠으나, 그의 솔직한 성품이 발휘된 것이라고 보는 편이 낫겠다. 아니 솔직이야말로 더없는 용기임에 틀림없다.

그는 출가하자 전통적 종교의 관습에 따라 고행에 전념했다. 누구보다도 진지하게 그리고 열심히. 그러나 그것이 그릇된 방법임을 자각한 순간, 헌신짝을 벗어 던지듯이 그것과 결별하기를 주저치 않았다. 이것도 후세에서 생각하기에는 당연한 일인 듯 여겨지지만, 당시의 사정에서는 여간 큰 결단이 아니었을 것이다. 우리는 기실 옳고 그른 기준을 남에게 두고 살아간다. 그리하여 남이 칭찬하면 자기 행위가 옳은 것으로 알고, 한 사람이라도 비난할 때에는 꺼림칙하게 느끼는 것이 보통이다. 온 세상 사람들이 정당하고 성스럽다고 여기고 있는 고행을 단호히 부정하고 나선다는 것은 여간해서 될 일이 아니다. 만일 그렇게 한다면 세상 사람들은 그를 타락했다고 손가락질할 것이 분명하지 않은가. 그럼에도 불구하고 붓다는 그것을 단행하였다. 그것도 그의 솔직에서 나온 것이 아니고 무엇이랴. 우리는 여기에서 붓다가 오로지 진리에만 기준을 두고 살아 왔음을 알게 되며, 솔직한 그의 태도도 거기에서 말미암은 것이었음을 이해하게 된다. 솔직이란 진리에만 입각해서 행동하라는 말씀이었던 것이다. 이 세상에는 여러 가지 '소리' 들이 있다. 남의 일에 대해 이러니저러니 말이 많다. 그리하여 우리는 그런 것에 신경을 쓰고 살아가며, 어떤 약삭빠른 사람들은 그런 '소리' 들을 자기에게 유리하도록 만들기 위해서 고의적인 행동을 하기도 한다. 그것이 다름 아닌 위선이려니와, 자기나 남에게 솔직하지 못할 때에는 진리의 체득이란 불가능하다고 해도 좋을 것이다. 일단 열반에 이른 사람이라고 해도 이 덕목을 상실하는 경우, 그는 급전직하 다시 범부의 경지로 떨어지고 말리라. 열반이란 마음의 상황이기에 마음이 바뀌면 상황도 바뀔 것이기 때문이다.

또 붓다가 요구한 것은 단정해야 된다는 점이었다. 이미 열반의 경지를 얻은 성자에게 이것은 또 무슨 유치한 소리냐고 생각하는 사람도 있을 것이다. 단정하라는 것은 흔히 아이들에게 부모나 선생이 훈계하는 소리이기 때문이다. 물론 붓다가 말씀한 단정도 그런 단정이며, 그 말에 다른 별뜻이 있는 것은 결코 아니다. 그럼에도 불구하고 성자에게까지 이것을 요구하는 것은 무엇 때문인가?

먼저 단정이라는 말의 뜻부터 따져 보자. 누구나 아는 바와 같이 행동이 법도에 맞을 때, 우리는 그것을 일러 '단정'이라 한다. 그러므로 그것은 바른 행위라는 뜻으로 이해해도 되겠다. 그렇다면 이 덕목이 어린이들에게 요구되는 까닭도 알 수 있거니와, 한편으로는 성자에게도 요구되어야 할 것이라는 것이 명백하지 않겠는가. 바른 행위란 누구에게나 필요한 덕목이며, 성자 또한 인간임에 틀림없기 때문이다.

우리가 신(神)을 설정하고 들어간다면, 신이란 모든 미덕을 구비한 절대자로 생각되므로, 신에게는 어떠한 과오도 있을 수 없다는 논리가 성립한다. 그러나 붓다는 그런 신의 관념을 배척하였다. 있는 것은 인간이며, 이 인간으로서 올바르게 살아가는 것만이 문제가 된다 할 때, 인간으로서 이제는 과오가 절대로 없다는 경지가 있을 수 있겠는가. 앞에서도 말한 바 있지만, 붓다는 명백히 그런 가능성을 부정하였다. 붓다도 끝없이 정진을 계속했는데, 하물며 다른 사람들이 어떤 경지에 도달했다고 하여 그것으로 문제가 끝난 것일 수는 절대로 없다. 더욱이 이제부터는 어떤 짓을 하든 관계없다는 그런 경지가 있을 턱이 없는 것이다.

이런 문제를 앞에 놓고 머리에 떠오르는 것은 후세 불교인들이 취했던 행동이다. 이른바 깨달았다는 사람 중에는 가끔 엉뚱한 짓을 하여 세상을 놀라게 한 사람들이 적지 않다. 그리고 그런 행위까지도 그것이 보살행인 까닭이라느니, 대승이기 때문이라느니 하여 변호되어 온 것이 사실이다. 그러나 우리는 여기에서 다시 한 번 붓다의 생애를 돌이켜 볼 필요가 있다. 붓다의 일생 중에 그 무슨 기행·기언이 있었는가. 붓다가 저자에 나타나서 덩실덩실 춤을 춘 적이 있는가. 고기를 먹고 술을 마시고 기방에 출입한 적이 있는가. 한시라도 수행을 그친 적이 있는가. 위의를 흐트러뜨리고 누군가와 농담이나 호언장담을 주고받은 적이 있는가. 우리는 그 분의 생애가 어느 비구보다도 진지하고 엄격한 그것이었음을 잘 알고 있다. 그러기에 우리가 본받아야 할 것은 어느 유명한 중이 아니라, 붓다 그 분이어야 한다. 깨달았다고 해서 단정한 행위가 필요치 않다는 논리는 결코 성립하지 않는 것이다.

여기서 또 생각나는 것은 계율의 문제이다. 단정이란 결국 계율을 지키는 일이려니와, 지금의 불교계는 과연 어떤가? 승려가 아내를 얻고, 술과 고기를 먹고, 재물을 탐하고……. 그러면서 그들이 내세우는 것은 언필칭 '대승'이라는 한 마디 말이다. 즉 그들은 상구보리만 아는 소승과는 달리 하화중생을 하고 있는 대승이기 때문에 방편상 그런 행위도 용인된다는 것이다. 그러나 보리(진리)를 얻지 못한 사람이 어떻게 남을 교화한다는 말인가. 또 열반에 이른 성자라고 해도 자칫하다가는 범부의 경지로 전락하기 쉬운 법인데, 범부인 주제에 어찌 남을 구하는 방편으로 계율을 파괴해도 마음의 청정을 유지할 수 있다는 것인가. 술을 마시고 색에 빠지는 것이 중생을 구제하는 방편이 되고, 그러면서도 마음이 흔들리지 않는다면, 그 사람은 필시 붓다보다도 더한 성자임에 틀림없다. 그러나 그런 기만에 누가 속는가. 세상 사람들은 그런 승려들을 볼 때, 비웃고 개탄하고 불교 자체까지도 의심하려고 든다. 그들이 어찌 그런 행위에 의해 교화되랴. 그러므로 이 단정이라는 덕목은 언뜻 보기에 평범한 것 같으면서도 몸과 마음의 청정을 요구한다는 의미에서 불교의 안목이라고도 할 수 있겠다. 불교는 이것을 위해 있는 것이며, 이것이 상실될 때 불교는 죽는다고 해도 결코 과언은 아닐 터이다.

다음에 요구되는 것은 좋은 말을 할 것, 유화할 것, 거만하지말 것 따위의 덕목이다. 이 중에서 특히 거만은 깊이 경계해야할 일임에 틀림없다. 누구나 높은 경지에 이르고 나면 흔히 남을 내려다보기 쉬운 까닭이다. 이 점에서도 붓다는 영원한 본보기이다. 대중 앞에 나서서,

"그 동안 나의 언어와 행동에 그 무슨 잘못은 없었던가? 만일 조금이라도 그런 것을 보고 들은 사람이 있다면 벗들이여, 나를 가엾이 알아 부디 지적해 달라."

고 자자(自恣)할 때의 붓다를 생각하라. 조그만 것을 이해하고 깨달았다고 해서 어찌 거만할 수 있겠는가.

또 "족한 것을 알고 과욕(寡慾)할 것"이 요구되고 있다. 옛날 용어로 말한다면 지족(知足)과 이양(易養)이다. 내가 어릴 적에 나의 부친은 '지족사'라는 절의 주지로 있었다. 나는 그 절의 이름을 이상하게 생각했다. 조금도 그럴 듯한 맛, 절다운 데가 없었기 때문이다. 그것이 뜻밖에도 매우 중대한 덕목임을 깨닫게 된 것은 요즘에 들어서의 일이다. 지족을 주장하는 데는 동서의

차이가 없는 줄 아나, 역시 이것을 가장 강조하는 것은 불교인 것 같다. 지족이니 과욕이니 하는 것은 결국 최소한도의 생활에 만족한다는 뜻이다. 생활에 많은 것을 요구한다는 것은 곧 탐심을 낸다는 말이 되는 까닭이다. 욕망이란 끝이 없으며, 말을 타면 경마 잡히고 싶은 것이 인간이다. 그런 욕망에서 벗어나고자 하는 것이 불교이매, 한 벌의 옷과 한 끼의 밥으로 만족할 수 없다면 그는 결코 진정한 도인은 되지 못할 것이다. 나는 도의 유무를 판단하는 하나의 기준으로서 그 사람이 얼마나 과욕할 수 있는지를 보는 버릇이 있다. 그리고 이것은 조금도 잘못이 아니라고 자처한다.

서두라고도 할 덕목에 대한 설명이 좀 장황해진 느낌이 없지 않거니와, 이 경은 결국 자비행에 앞서 불교인으로서의 자기를 확립하라고 요구하고 있는 것이겠다. 대승이 주장하는 말을 빌린다면, 먼저 상구보리를 하여 진리를 확고히 파악하고 난 다음에 하화중생을 실천하라고 하는 것이 다름 아닌 붓다의 뜻임이 분명하다. 그것은 결코 자리(自利)가 이타(利他)보다 우월하다는 뜻은 아니다. 자리와 이타는 본래 경중을 따질 성질의 것이 아니다. 그것은 어디까지나 표리의 관계에 있는 것이어서, 정말 추호의 사심도 없는 자비행으로 남을 구제하기 위해서는 자기의 확립이 반드시 선행해야 한다는 것, 이것이 이 경의 주장인 줄 안다.

여기서 본론으로 들어가서 자비란 무엇인가, 그 본질에 대해 고찰해 보고자 한다. 이 경의 도처에 그것이 언급되어 있지만,

그에 앞서 나는 이 말 자체의 뜻을 파헤쳐 보고 싶다.

'자(慈)'라는 말을 팔리 어에서는 mettā라고 한다. 산스크리트로는 maitreya라고 하며, 그 어원을 캐어 보면 mitra(벗)에서 온 것임을 알게 된다. 그것이 팔리 어에서 mitta(벗)가 되고, 다시 추상화되어 mettā(우정)로 발전하여 그것이 그대로 '자(慈)'의 뜻을 지니기에 이른 것으로 추측된다. 이런 어학적인 설명을 장황히 늘어놓는 것은 물론 현학적인 취미 때문만은 아니다. 나도 그런 면에 대해서는 아무런 관심도 없는 바이지만, 어떤 기회에 그런 사실을 발견하게 되었고, 그것이 나에게 이 덕목을 바라보는 새로운 눈을 제공해 준 것뿐이다. 이리하여 재인식하게 된 '자'의 뜻을 말하기 위해 나는 그런 어학적인 면까지 언급하게 되었음을 이해해 주기 바란다.

이 '자(慈)'라는 말은 '사랑'이라는 단어로 대치시켜도 무방하다. 현대인들에게는 이쪽이 훨씬 신선하고 매력이 있으며, 이해에 도움이 될는지도 알 수 없겠다. 내가 이 책에 '지혜와 사랑의 말씀'이라는 제목을 붙인 것도 그런 이유 때문이었다

그러나 '자(慈)'를 '사랑'이라는 말로 바꾸어 놓기에 앞서 반드시 알아 두어야 할 것이 있다. 불교에서는 '사랑'의 쓰임새가 매우 다양할 뿐더러, 부정적인 뜻으로도 자주 쓰인다는 사실이다. 이를테면 카마(kāma)란 사랑이라는 뜻이지만, 그것은 감각적인 욕망을 가리키고, 주로 성적인 사랑을 말한다. 또 탄하(taṇhā)도 사랑을 뜻하는 말이나, 그것은 격렬한 욕망을 가리키는 데 쓰이어, 거기서부터 병적인 집착이 생기는 것으로 생각되

고 있다. 이런 종류의 사랑에 대해 붓다는 대개의 경우 부정적인 태도를 취했다. 또는 전장(前章)에서 파세나디 왕과 왕비가 이야기한 것, 즉 자기가 이 세상에서 가장 사랑스럽다고 한 그 '사랑'의 원어는 피야(piya)인바, 그것은 자기를 중심으로 하여 혈연·친척에 연결되는 사랑이다. 그러기에 그것을 더 높은 차원으로 지양시키라고 일렀을 때, 붓다는 명백히 그런 사랑을 달갑지 않게 생각한 것이 되는 줄 안다. 다시 『법구경』의 애품(愛品 : piyavagga)에서는 그런 사랑을 나타내는 낱말들, 즉 piya, pema, rati, kāma, taṇhā따위를 나열하고 나서 그 하나하나에 대해

사랑에서 근심은 생기고
사랑에서 두려움은 생기나니
사랑을 넘어선 사람에겐 근심 없도다.
어디에 간들 두려움 있으랴.

라고 설하고 있다.

이렇게 불교에는 사랑에 대해 부정적으로 설한 말이 많다. 그러나 그것들은 결국 사랑을 더욱 높은 차원으로 지양시키고자 했기 때문임을 간과한다면, 붓다의 참뜻을 오해한 것이 될 터이다. 붓다는 남녀의 사랑·부모와 자식 사이의 사랑·재물에 대한 사랑 따위를 근본에서부터 부정한 것은 아니었다. 만일 그렇게 했다면 그것은 인간이 인간 노릇함을 부정하는 것이 되는 까

닭이다. 그것은 인간에게 목석과 같아지라고 요구하는 것이며, 인간성 자체를 말살하는 결과가 되고 말리라. 그러기에 붓다는 그런 것을 더 높은 사랑으로 지양하라고 가르치기 위해 그것들이 가지고 있는 한계점·불순성을 부정했던 것이었다. 이것은 거듭거듭 주의할 필요가 있는 점인 줄 안다.

무릇 사랑이란 일종의 인력이다. 끌어당겨서 연결시키는 힘이다. 그러므로 이것 없이는 인간 관계가 처음부터 성립되지 않는다. 남녀가 서로 만나 한 가정을 이루고, 남과 손을 잡아 친구가됨으로써 서로 돕고, 부모와 자식이 서로 사랑하고, 제 조국을 사랑하고 세계의 평화를 염원한다는 것, 이것들은 모두 사랑의 힘이라고 할 수 있다.

사랑이란 그런 뜻에서 선악 이전(無記) 생명의 본원적인 힘이라고 해도 좋을 것이다. 그러나 그것이 본원적인 것이면 본원적인 것일수록 그 작용은 분방하고 거칠기 마련이어서, 그 자연적인 양상은 반드시 더할 나위 없이 착하고 아름답다고는 할 수 없다. 남녀의 사랑이라면 동물에게도 유사한 것이 있다. 부모 자식간의 사랑은 조수에게도 있다. 가까운 것끼리 서로 끌고 맺어지는 것은 물리적 세계에서도 발견된다. 그러므로 이런 본원적인 사랑만이라면 그것을 반드시 인류 특유의 것이라고 자랑할 수는 없는 것이겠다.

사람이 사람답게 살기 위해서는 사랑의 이러한 본원적인 힘을 조정하고 지양시키고 확대해 가야 한다. 먼 옛날부터 오늘에 이르기까지 도덕이니 종교니 일컬어지는 것들은 항상 그런 노력을 하여 왔던 것이라고 믿어진다. 그 중에서도 이런 사랑을 지양시켜서 일체의 생명과 모든 사람에게까지 확대할 것을 가르친 것은 불교와 기독교였다고 생각된다. 그러나 이 두 종교가 이런 전인류적인 사랑의 이념을 창조하기까지 이른 과정은 전혀 달랐다는 것을 나는 매우 흥미 있게 생각하는 바이다.

기독교에서의 사랑의 전인류적인 확대는 신의 사랑의 모방으로서 제시되었다. 이른바 '산상 수훈'의 일절은 이런 말을 전하고 있다.

"네 이웃을 사랑하고 네 원수를 미워하라 하였다는 것을 너희가 들었거니와, 나는 너희에게 이르노니, 너희 원수를 사랑하며, 너희를 핍박하는 이를 위하여 기도하라. 이같이 한즉, 하늘에 계신 너희 아버지의 아들이 되리니……."

여기에 기독교적 사랑의 기본 구조가 그 전모를 드러내고 있다고 할 수 있다.

우리의 본능적인 사랑의 양상은 자기를 사랑하는 이를 사랑하고, 자기에게 가까운 이를 사랑한다. 그리하여 자기 아내를 사랑하고, 자기 자식을 사랑하고, 자기 형제를 사랑하고, 자기 이웃을 사랑한다. 그 사랑은 자기에게 가까울수록 깊어지고 멀어짐에 따라 엷어진다. 원수에 대해서는 증오하는 것이 옳고, 적과는 맹렬하게 싸울수록 칭찬을 받기 마련이다.

그러나 예수는 "너희 원수를 사랑하며, 너희를 핍박하는 이를 위하여 기도하라."고 했다. 그것은 완전히 인간의 본능적인 사랑에 역행하는 가르침이다. 그러면 무엇으로 말미암아 예수는 이런 주장을 할 수 있었던가? 또 우리는 어떻게 하면 이런 사랑을 실천할 수 있겠는가? 그것은 신의 사랑을 모방함으로써 가능하다는 것이 기독교의 정신이다.

"하느님은 그 해를 악인과 선인에게 비치게 하시며, 비를 의로운 이와 불의한 이에게 내리우시나니, 너희가 너희를 사랑하는 이를 사랑하면 무슨 상이 있으리오. 세리도 이같이 아니 하느냐. 또 너희가 너희 형제에게만 문안하면, 남보다 더 하는 것이 무엇이냐. 이방인들도 이같이 아니 하느냐. 그러므로 하늘에 계신 너희 아버지의 온전하심과 같이 너희도 온전하라."

이렇게 기원함으로써 사람은 비로소 하늘에 계신 아버지의 아들이 될 수 있는 것이며, 능히 인간 본능의 사랑으로부터 비약하여 신적인 사랑으로 지양될 수 있다고 그들은 본다. 이리하여 그들은 인간 본능의 사랑을 에로스(erôs)라고 일컫는 데 대해, 이런 신적인 사랑을 아가페(agapê)라고 불러서 구별하고 있는 것이다.

그러나 불교에서는 사랑의 전인류적 확대 과정은 어디까지나 인간 중심적이었다는 것에 그 특징이 있다. 그런 뜻에서 불교적인 사랑 즉 자비는 완전히 휴머니스틱(humanistic)한 것이라고 할 수 있다. 휴머니즘의 근본 정신은

"나는 인간이기 때문에 인간에 관계되는 일이라면 무엇이거
나 나와 관계가 없다고는 생각하지 않는다(homo sum ; humani
nihil a me alieum puto)."

고 한 테렌티우스(Terentius, ab. 195~59 B.C.)의 말 속에 가장 잘
나타나 있다고들 한다. 앞에서도 말한 바와 같이 붓다의 길은 자
기에게 전념하고 자기의 깊은 내부를 향해 침잠해 가는 방식을
취하고 있어서, 얼른 보기에 인간에게 등을 돌리고 있는 듯이도
보이리라. 그러나 매우 역설적인 말이긴 해도, 사람이란 자기의
내적 심층에 침잠했을 때에야 비로소 다른 사람에 대해 관심을
갖게 되기 마련이다. 아, 그들도 또한 나처럼 인간으로서의 무거
운 짐을 걸머지고 있구나! 이런 사실을 진정으로 알게 되는 것은
오직 자기 침잠의 심층에서만 가능하다고 할 수 있다. 더 구체적
으로 말하자면, 내 몸의 진상을 투시하여 그 위에 눈물을 뿌릴
수 있는 사람만이 비로소 남의 처지에 대해서도 눈물을 뿌릴 수
있는 것이다. 불교에서 말하는 동고 동비(同苦同悲)의 감정이라
는 것도 이런 사실을 가리킨다. 그리고 거기에서 자비의 샘이 끊
임없이 샘솟아 나올 수 있는 것이다.

이런 점에서 볼 때, '자(慈 ; mettā)'라는 말이 '우정'도 뜻한다
는 사실이 나에게는 매우 의미 심장하게 느껴진다. 인간의 생존
양상이란 천차 만별이다. 어떤 사람은 제왕으로서 만인 위에 군
림하는가 하면, 어떤 사람은 노예로서 일생을 매여 지내기도 한
다. 또 어떤 사람은 억만 장자가 되어 주지 육림에 파묻히기도

하고, 어떤 사람은 일간 두옥도 없어서 거리를 방황하기도 한다. 그러나 일단 인간성의 심층에 침잠하여 바라보면, 인간이란 똑같이 생로병사의 어쩔 수 없는 운명을 등에 걸머지고 언제 닥쳐올지도 모르는 죽음 앞에 벌벌 떨고 있는 가엾은 존재에 불과하다. 이러한 점에 눈뜰 때, 우리 앞에서는 제왕이니 노예니 가난뱅이니 부자니 하는 차별이 완전히 무의미해지지 않을 수 없다. 그리고 사람이란 본질적으로 평등하여 누구나 친구임을 알게 된다. 그리하여 인간과 인간이 동고 동비의 정으로 연결될 때, 거기에서 솟아나는 사랑(慈)의 샘이란 우정 그것일 수밖에 없지 않은가.

우리는 여기에서 '자'가 '비(悲)'라는 글자와 만나 '자비'라는 숙어를 이루는 것이 상례임을 상기할 필요가 있겠다. '비'는 karunā의 역어이어서 본디 '신음'을 뜻하는 말이다. 남이 괴로워서 신음하는 모양을 보면 누구나 가엾은 생각을 지니게 되거니와, 이 공감이 바로 '비'의 내용이다. 중국의 주석가는 '자비'의 뜻을 설명하여 "애련(哀憐)을 자라 하고 측창(惻愴)을 비라 한다."고 했고, 팔리 어 주석에서는 "자란 복선(福善)을 주려고 하는 마음이요, 비란 원고(怨苦)를 제거하려는 소원"이라고 했다. 어쨌든 '자'는 '비'와 결부됨으로써 그 적극면과 소극면을 구비하게 되는데, 내 사견으로 이 양면의 중량을 비교하자면, 그 비중은 오히려 '비'쪽으로 기우는 듯이 생각된다.

생각건대 우리 인간의 생존 양상이란 슬픔으로 차 있다. 평화를 갈구하면서도 불안에 떨어야 하고, 자유를 바라면서도 구속

속에서 허덕여야 하는 것이 인간이다. 천명을 다하고자 원하면서 자주 죽음의 위협 앞에 떨기도 하고, 생을 충실히 살아가고자 하지만 게으름이 우리의 나날을 좀먹기도 한다.

이런 자기의 슬픈 양상을 깊이 통찰하고 우연히 고개를 들어 다른 사람들을 바라볼 때, 눈에 비치는 것은 역시 자기처럼 불안에 떨고 있는 모습이 아닐 수 없다. 이런 사실에 눈뜰 때 저절로 우리 내부에서 우러나오는 생각이 동고 동비의 감정이다. "측창을 비라 한다."는 말은 바로 이것을 이름이다. 그리고 이 슬픔의 감정이 이상한 힘을 발휘하여 우리 마음속에서 보편적인 사랑을 일깨우게 된다. 거기에 무엇인가 인간의 기미(機微)가 있는 것인지도 모른다. 그리고 옛 사람들이 인간을 가리켜 '비기(悲器)'라고 한 것도 이런 점을 말한 것이 아닌가 생각된다. 낡은 경에

"삼세의 모든 세존은 대비(大悲)로 근본을 삼는다."

라고 한 것도 역시 같은 뜻이다. 이제 붓다는 이 '자경'에서

"일체의 생명 모든 사람에게 행복이 있으라, 평화가 있으라, 은혜가 있으라."

고 외도록 설하셨다. 그 목소리도 눈물에 젖어 있지 않았나 생각된다. 인간의 슬픔을 그 분은 잘 알고 계셨기 때문이다.

## 1

본문에서 다룬 여러 경의 출처를 알고자 하는 사람들을 위해, 실론에 전하는 '팔리 오부'와 중국에 전하는 '한역 사아함'의 현황에 대해 적어 두고자 한다. 먼저 전자에 대해 그 경전군(群)과 경의 수효를 표시하면 다음과 같다.

A. 팔리 오부(Pañca - nikāya)

  a. 『장부(長部) 경전』(Dīgha - nikāya)             34경

  b. 『중부(中部) 경전』(Majjhima - nikāya)       152경

  c. 『상응부(相應部) 경전』(Samyutta - nikāya)    7,762경

  d. 『증지부(增支部) 경전』(Anguttara - nikāya)   9,557경

  e. 『소부(小部) 경전』(Khuddaka - nikāya)      15분(分)

현재 이런 것들의 팔리 원문은 팔리 텍스트 협회(Pāli Text Society)의 간행본에 의해서, 또 그 일본역은 『남전대장경』에 의해 읽을 수 있다. 이것들 중에서 가장 주목되어야 할 경전군은 c의 『상응부경전』이다. 거기에는 가장 원시적인 경이 수록되어 있고, 그것들은 붓다의 언행을 그 진상에 가장 가까운 형태로 전해 주는 까닭이다. 또 e의 『소부경전』은 그 경전군으로서의 성립은 가장 후기에 속하지만, 그 15분(分) 중에는

2. 『법구경』(法句經, Dhammapada)

3. 『자설경』(自說經, Udāna)

5. 『경집』(經集, sutta‐nipāta)

8. 『장로게경』(長老偈經, Thera‐gāthā)

9. 『장로니게경』(長老尼偈經, Therī‐gāthā)


등의 원초적(原初的)인 향기가 높은 경들이 포함되어 있어서 널리 애독되는 바이다.


B. 한역 사아함

a. 『장(長)아함경』(불타야사 역)　　　　　　30경

b. 『중아함경』(승가제파 역)　　　　　　224경

c. 『잡아함경』(구나발타라 역)　　　　1,362경

c'. 『별역 잡아함경』(실역)　　　　　　364경

c". 『잡아함경』(실역)　　　　　　　　27경

d. 『증일(增一)아함경』(승가제파 역)　　472경


이 중에서 가장 주목되어야 할 것은 c의 『잡아함경』이다. 팔리의 『상응부경전』에 해당하고, 그것이 원시적인 경전인 것도 같다. 또 하나 주목해야 할 것은 팔리의 제5부 『소부경전』에 해당하는 것이 빠져 있다는 사실이다. 아마도 그 성립이 다른 4부에 비해 훨씬 뒤늦었기 때문일 것이다.

그리고 이것들과 병행해서 대체로 같은 시기에 성립된 것으로 보이는 것에 율장(律藏)이 있다. 율장이란 교리를 모은 경장(經藏)에 대해 계율에 관한 문헌을 집대성한 것이어서, 거기에는 경전에 보이지 않는 붓다의 언행이 기록되어 있는 수도 있다. 그러므로 『아함경』에 의거하여 붓다의 인격과 사상을 연구하기 위해서는 이 율장도 참고해야 한다. 그것에는 다음과 같은 것들이 있다.

C. 율장(팔리와 중국 소전을 합쳐서)
   a. 『팔리 율장』(Vinaya-piṭaka)
   b. 『사분율』(四分律, 불타야사 역)
   c. 『오분율』(五分律, 불타습 역)
   d. 『십송률』(十誦律, 불야다라 역)
   e. 『마하승기율』(摩訶僧祇律, 불타발타라 역)

이 중에서 a는 실론 소전, b 이하는 중국 소전의 한역이며, 중국에는 4부의 율장이 번역되어 전해 온다.

**2**

다음으로 『아함경』의 연구에 대해 조금 말해 두고자 한다.

그 연구에 처음 손댄 것은 유럽의 불교 학자들이었다. 그들의 불교 연구는 그 자료를 주로 팔리 어 경전에 의존했으므로, 연구가 주로 원시 불교 쪽으로 기운 것은 당연한 일이었다. 그 중에서 가장 뚜렷한 업적을 남긴 학자로 리스 데이비즈(T. W. Rhys

Davids, 1843~1922)와 올덴베르크(H. Oldenberg, 1854~1920)를 소개하고 싶다.

리스 데이비즈는 영국 사람이다. 처음에 문관 시보(文官試補)로서 실론에 부임하여, 그곳에서 팔리 어를 배워 후일에는 런던 대학 교수가 되었다. 1882년 올덴베르크 등과 함께 팔리 성전 협회(Pali Text society)를 설립하여, 팔리 원전의 교정, 그 영역, 팔리 · 잉글리시 사전(Pali - English dictionary) 따위를 간행했다. 그는 이렇듯 그 분야 연구의 기초를 확립하는 동시에 『불교(*Buddhism*)』 · 『인도 불교(*Buddhist India*)』 등의 명저를 남기기도 했다. 모두 팔리 성전에 의거한 연구였으며, 유럽 학자들의 새로운 불교 연구는 그에 의해 주도되었다고 해도 과언이 아니다.

리스 데이비즈의 연구가 '팔리 오부'를 중심으로 하여 이루어진 데 대해, 올덴베르크의 연구의 중심은 '팔리 율장'이었다. 이 입장에서 정리된 『붓다—그 생애, 그 가르침, 그 교단(*Buddha : sein Leben, seine Lehre, scine Gemeinde*)』은 그곳 학자에 의한 불교 연구의 최고 수준을 이룬 것이었다. 특히 인상이 깊은 것은 그가 그려 낸 붓다의 인간적 모습이다. 대체로 유럽 학자들이 처음으로 산스크리트를 통해 일부의 대승 경전에 접했을 때는 거기에 서술된 붓다의 초자연적인 표현에 어리둥절하고 말아, 붓다의 역사적 실재성을 의심한 나머지 여러 가지 학설이 분분하였다. 그런데 이제 팔리 성전에 입각하여 그가 그려 낸 붓다의 생애와 가르침과 그 교단에 대한 서술은 이미 의심할 여지 없는 확실성을 가지고 붓다를 지상의 존재로 끌어 내려서 인류의 역사 속에 세워 놓았다. 이로써 근대 불교학의 근본 정신은 흔들림 없는 튼튼한 기초를 얻게 되었다고 할 수 있다.

일본의 불교학도 이 흐름을 따르고 있기는 하나, 팔리 성전과 함께 다시 한역 경전을 돌아봄으로써 새 분야를 개척해 왔다. 그 선구가 된 것이 아네자키(姉崎正治, 1878~1949)의 『The Four buddhist Āgamas in Chinese, 1908(한역 사아함의 연구)』였다. 그것은 한역 사아함 가운데 특히 『잡아함경』이 중국에서 번역될 때 그 원형이 어지러워졌던 것을 다시 한 번 원형으로 환원시킨다는 극히 고도의 연구를 포함한 업적이었다. 그 후 같은 아네자키의 『근본 불교』(1910), 기무라(木村泰賢)의 『원시 불교 사상론』(1992), 우이(宇井伯壽)의 『인도 불교 연구』 제2권에 수록된 여러 논문(1925), 아카누마(赤沼智善)의 『한파(漢巴) 사부 사아함 호조록(互照錄)』(1929) 등의 명저·역저가 계속 발표되어, 『아함경』을 중심으로 한 새로운 불교 연구는 일본에서도 또한 근대 불교 연구의 주류를 형성하기에 이르렀다.

일본에서 『아함경』을 비롯하여 붓다와 초기 교단의 연구에 선구자 노릇을 한 아네자키는 바로 나의 은사이다. 나도 또한 그 뒤를 이어 이 분야의 연구에 흥미를 가져 오늘에 이르렀다. 그 동안 부족한 대로 『붓다 시대』(1932), 『아가마 자료에 의한 불전(佛傳) 연구』(1962) 따위의 저작을 냈고, 또 일반 사람들을 위해 『붓다―그 생애와 사상』(1956), 『불교 백화』(1962) 등을 썼다. 모두 『아함경』을 자료로 한 것들이다. 그리고 이 한 권도 또한 그런 부류에 들 것임은 두말 할 나위가 없다.